KEIN KRIEG, NIRGENDS:
DIE DEUTSCHEN UND DER TERROR

Henryk M. Broder

KEIN KRIEG, NIRGENDS:
DIE DEUTSCHEN UND DER TERROR

Mit einem Text von
Reinhard Mohr

Berlin Verlag

Für Hanna Rebekka

© 2002 Berlin Verlag, Berlin, ein Unternehmen
der Verlagsgruppe Random House GmbH
Alle Rechte vorbehalten
Umschlaggestaltung: Nina Rothfos und
Patrick Gabler, Hamburg
Gesetzt aus der Scala
durch psb, Berlin
Druck & Bindung:
GGP Media, Pößneck
Printed in Germany 2002
ISBN 3-8270-0442-x

»Mein Herr, wenn Sie nicht schweigen, werde ich Sie zitieren!«
Karl Kraus

INHALT

PASSIONSSPIELE
DER KOMMENTIERENDEN KLASSE

Jetzt schweigen sie wieder. Die Friedensfreunde haben ihre Transparente weggepackt, die *taz* ihr Kriegstagebuch eingestellt und die klügsten Köpfe der Nation halten ihre Lippen fest verschlossen, nachdem sie den Mund eben noch übervoll genommen haben.

Man hört nichts mehr von Günter Gaus und Günter Grass, von Eugen Drewermann und Horst Eberhard Richter, von Klaus Theweleit und Friedrich Schorlemmer, von Antje Vollmer und Alice Schwarzer, von Wolfgang Joop und Roger Willemsen. Sie sind beleidigt. So sehr sie sich im Recht wähnten, die Geschichte hat es sich anders überlegt, der Dritte Weltkrieg ist ausgeblieben.

Nur einer macht weiter, Peter Sloterdijk, das *perpetuum mobile* des Zeitgeistes, rückt das Geschehen vom 11. September 2001 in die richtige historische Perspektive. Mitte Januar sagte er der *Welt am Sonntag*: »Wenn mir jemand versichert, daß er nach dem 11. September im Bereich der Philosophie anders denkt als vorher, streiche ich ihn aus der Liste der ernst zu nehmenden Personen. Man kann als Intellektueller nicht behaupten, daß man im Rückblick auf das 20. Jahrhundert durch einen Zwischenfall in amerikanischen Hochhäusern plötzlich aus einem dogmatischen Schlummer erwacht ist. Ich glaube, die Katastrophenlandschaft des 20. Jahrhunderts einigermaßen zu überblicken. Der 11. September gehört da eher zu den schwer wahrnehmbaren Kleinzwischenfällen.«

Der 11. September wäre dann ein beklagenswerter Großzwischenfall, wenn Peter Sloterdijk an diesem Tag in einem der Hochhäuser in einem Lift gesteckt und nicht rechtzeitig rausgekommen wäre, worauf das ZDF sein »philosophisches Quartett« hätte anders besetzen müssen, mit Jürgen Drews zum Beispiel, Sloterdijks wichtigstem Konkurrenten auf dem Gebiet der Natur- und Pop-Philosophie.

So aber kann der »Kleinzwischenfall«, bei dem 3.000 Menschen pulverisiert wurden, *ad acta* gelegt werden. Die »Spirale der Gewalt«, die nicht etwa mit den Anschlägen vom 11. September, sondern erst mit der militärischen Reaktion der Amerikaner in Gang gesetzt wurde, hat nicht dazu geführt, daß die halbe Welt oder wenigstens die Region zwischen Djakarta und Djibuti »destabilisiert« wurde. Und es sieht auch nicht so aus, als würden die Amerikaner in Afghanistan ihr »zweites Vietnam« erleben oder dieselbe Schmach wie die Russen Ende der 80er Jahre, wie es solche Experten wie Udo Steinbach und Peter Scholl-Latour vorausgesagt haben. Deutsche Soldaten patrouillieren durch Kabul und werden von der Bevölkerung freundlich begrüßt. Die *Berliner Zeitung* titelt mit »Endlich wieder Schule« und zeigt zwei afghanische Mädchen, die »erstmals seit fünf Jahren ... wieder den Unterricht besuchen« dürfen, nachdem die Taliban den Mädchen den Schulbesuch verboten hatten.

In der *taz* kommt die Ökologie wieder vor dem Pazifismus: »Krieg in Afghanistan ist umweltschädlich«, während Vertreter von Menschenrechtsorganisationen, die keine Beobachter in das Stadion von Kabul geschickt hatten, als dort öffentliche Hinrichtungen veranstaltet wurden, nach Guantanamo fliegen, um nachzuschauen, ob die Amerikaner ihre Gefangenen entsprechend den Regeln der Genfer Konvention behandeln.

War da noch was? Haben wir in den Wochen nach dem 11. September etwas Reales erlebt oder nur eine Seifenoper mit dem Titel »Achtung, die Deutschen kommen!«, die sich Christoph Schlingensief für das Berliner Theatertreffen ausgedacht hatte?

Nach vier synchron ausgeführten Terroranschlägen in den Vereinigten Staaten kam es in Deutschland zu einer pazifistischen Erregung, die von zwei Gedanken angetrieben wurde: Was haben wir den Tätern angetan, daß sie so gemein werden mußten, und: Was müssen wir jetzt tun, damit wir verschont bleiben? Es wurde allen Ernstes darüber diskutiert, ob Hochhäuser nicht eine Provokation an sich sind, weil sie die Arroganz der Macht verkörpern (während deutsche Reihenhäuser die Demut symbolisieren), es wurden moralisch-philologische Überlegungen angestellt, ob es sich bei den Anschlägen um eine »kriegerische Aktion« oder nur um »ein Verbrechen« handelte, auf das man angemessen reagieren sollte, also auf keinen Fall mit »Rache« oder »Vergeltung«, sondern mit einer Intensivierung des interkulturellen Dialogs. Es wurden Sofortmaßnahmen gefordert, um die »Ursachen des Terrorismus« abzuschaffen, vor allem die Armut und den

Hunger in der Dritten Welt. Eine Gesellschaft, die nicht in der Lage ist, die Arbeit und den Wohlstand daheim gerecht zu verteilen, wollte über Nacht »globale Gerechtigkeit« herbeiführen, um dem Terrorismus das Wasser abzugraben.

Es war wie auf einer Party im Irrenhaus. Die Ärzte und die Patienten feierten gemeinsam, nur die Anstaltsleitung hielt sich raus. Das Motto der Feier war: »Kein Krieg, nirgends«, denn, so war immer wieder zu hören, es gebe keinen gerechten Krieg, ein Krieg löse keine Probleme, sondern führe immer nur zu noch mehr Leiden und Unrecht.

Die friedensbewegten Deutschen taten so, als redeten sie über Afghanistan, tatsächlich redeten sie über ihr Land und ihre Geschichte. Sie verurteilten die Bombardierung der afghanischen Städte, um rückwirkend gegen die Luftangriffe auf Dresden und Hamburg zu protestieren, sie solidarisierten sich mit den Opfern von heute, um darauf hinzuweisen, daß sie gestern Opfer der gleichen Mächte wurden. Dabei übersahen sie einen kleinen, aber entscheidenden Unterschied: daß die Afghanen offenbar bereit waren, einen Preis für ihre Befreiung zu bezahlen. Jede Verurteilung des Terrors und der Anschläge wurde mit einem »Aber« verbunden, das auf die Mitschuld der Opfer zielte. Haben die Amerikaner durch ihre Politik die Taten nicht selber herbeigeführt? Haben sie nicht die Militärs in Chile unterstützt, das Klimaabkommen von Kyoto boykottiert und die ganze Welt mit Hamburgern kontaminiert? Man war natürlich gegen den Terror, aber noch mehr war man dagegen, die Terroristen zu jagen, denn dies würde sie und ihre Sympathisanten nur zu weiteren Aktionen reizen. Deswegen kam es darauf an, sich von den Opfern zu distanzieren und Verständnis für die Täter zu demonstrieren, die aus Verzweiflung über den Zustand der Welt gehandelt hatten. Die guten Deutschen kapitulierten präventiv, um nicht angegriffen zu werden. Das war es also, was sie aus der Geschichte gelernt hatten. Nicht »Wehret den Anfängen!«, sondern: Wenn man sich beizeiten bei den Tätern anbiedert, hat man vielleicht eine Aussicht, verschont zu bleiben.

Was in den Wochen nach dem 11. September in Deutschland gesagt und geschrieben wurde, verdient es, festgehalten zu werden als eine Art Krankengeschichte der unheilbar Gesunden. Es waren Passionsspiele der kommentierenden Klasse. Die Hysterie jener Tage hat sich gelegt, die Sehnsucht nach dem totalen Frieden ist geblieben. Sie wird sich wieder artikulieren. Demnächst im deutschen Theater.

JUST IN TIME:
DER MORALTHEOLOGE AN DER TERRORFRONT

Wenn es einen Gott im Universum und eine Gerechtigkeit auf der Welt gäbe, wäre die Erde am 11. September 2001 für einen Moment stehen geblieben. Weil es aber keinen Gott und keine Gerechtigkeit gibt, änderten nur die Fernsehsender ihr Programm und zeigten immer wieder zwei Passagierflugzeuge im Anflug auf die Türme des World Trade Center und bald darauf die qualmenden Wolkenkratzer, bis sie wie Kartenhäuser kollabierten. Alle kamen sich vor wie in einem »Alptraum« oder nach einer »Apokalypse«, kein Mensch wollte glauben, was er gerade gesehen hatte.

Aber noch bevor die ersten Toten geborgen waren, meldeten sich schon Durchblicker zu Wort, um die Ursachen der Katastrophe beim Namen zu nennen und die richtigen Konsequenzen anzumahnen. Im ersten Programm des SFB, auf 88,8 UKW, gab es wie jeden zweiten Dienstag um 22.30 Uhr die »Nachtgespräche mit Eugen Drewermann«, dem Moraltheologen und katholischen Querdenker aus Paderborn, der sich sogar schon mit dem Papst angelegt hat. Normalerweise redet Drewermann zuerst mit sich selbst über Gott und die Welt und beantwortet dann Fragen der Zuhörer. Diesmal war der Anschlag von

New York das Thema, warum er passiert war und was »wir« daraus lernen sollten.

»Auch wir haben keine Worte. Es gibt ein Entsetzen, das keine Worte hat, eine Trauer, die sich nicht mehr auszudrücken vermag, eine Hilflosigkeit und ein Erschrecken, die lähmen, angesichts des Ungeheuerlichen, das heute über ahnungslose Menschen hereinbrach«, sprach der Moderator zu Anfang der Sendung, »und doch wollen wir gerade heute, gerade angesichts dieses Bösen, nach Worten ringen. Wir wollen angesichts einer so gottlosen Tat die Frage nach Gott, die Frage nach den Menschen stellen ... Guten Abend, Herr Drewermann.«

»Guten Abend, Herr Longard«, sagte der Moraltheologe und nahm den Faden auf. »Wir erleben etwas, das vollkommen unmenschlich ist, und sind gelähmt von Trauer, Entsetzen, Empörung, Wut, Hilflosigkeit ... Das hat eine Dimension des Terrors, die es noch nie gegeben hat, eine Skrupellosigkeit des Vorgehens, für die wir wirklich keine Worte haben.«

Statt sich indessen der Wortlosigkeit hinzugeben, sprach der Moraltheologe nun über die »Embargo-Politik gegen den Irak« und deren Folgen: »Die UN haben geschätzt, daß etwa jeden Monat 3.000 Menschen durch Mangelversorgung sterben, innerhalb von zehn Jahren addiert sich das zu der ungeheuerlichen Zahl von einer Million Menschen ...«

Es mag in einem solchen Kontext ein wenig gefühllos sein, aber ich rechnete trotzdem nach. Wenn jeden Monat 3.000 Menschen durch Mangelversorgung sterben, dann wären es jedes Jahr etwa 36.000 und in zehn Jahren rund 360.000, also nicht ganz eine Million Ein Moraltheologe muß nicht rechnen können; was er vermutlich sagen wollte, war: Wenn bei einem Anschlag in Amerika etwa so viele Menschen ums Leben kommen, wie alle zwei Monate im Irak durch Mangelversorgung sterben, dann ist die Mangelversorgung im Irak das Problem und nicht der Anschlag in Amerika.

Zu diesem Zeitpunkt, es war noch immer der 11. September 2001, waren die Parolen »Von nichts kommt nichts« und »Wer Wind sät, wird Sturm ernten« noch nicht aktiviert, aber sie zogen schon wie Wolken am Horizont auf. Der Moraltheologe erinnerte sich und seine Zuhörer sodann »an Hiroshima, als man mit einer einzigen Bombe am 6. August über 100.000 Menschen getötet hat«, und an Nagasaki, wo es drei Tage später »80.000 Tote in einer einzigen Sekunde« gab, »mit all den Folgen, und offensichtlich haben wir aus den Greueln nichts gelernt, ganz im Gegenteil, immer nur noch furchtbarer, noch skrupelloser, die Waffen noch systematischer, barbarischer, grausamer, aber das im Namen einer scheinbar geordneten staatlichen Legitimation ...«

So sehr der Moraltheologe mit all jenen haderte, die im Namen einer »staatlichen Legitimation« Gewalt übten, so viel Verständnis zeigte er für private Killer, die auf eigene Rechnung handelten. »Terror ist die Ersatzsprache der

Gewalt, weil berechtigte Anliegen nicht gehört wurden, es ist die Sprache der Ohnmächtigen, der Selbstmörder, aber das hat eskaliert; parallel zu der Art, wie die Großen Krieg führen, beginnen offensichtlich die Kleinen, Krieg zu führen.«

Den Menschen, die sich aus dem WTC in die Tiefe stürzten, wäre es sicher ein Trost gewesen, wenn sie vor dem Aufprall noch erfahren hätten, daß irgend jemand, dessen berechtigte Anliegen nicht gehört wurden, in der Ersatzsprache der Gewalt mit ihnen zu kommunizieren versuchte. Was sich da drehe, so der Moraltheologe, sei »eine Schraube ohne Ende, eine Blutmühle, die immer weiter mahlt, es sei denn, wir begreifen, daß es Sicherheit nur gibt, wenn wir uns verbinden und verbrüdern. Und dann müssen wir das scheinbar Unvorstellbare tun. Wir müssen begreifen, daß hinter dem Furchtbarsten etwas steht, das verdient, gehört zu werden als Anliegen, so pervers, so verdreht, so unmenschlich und zynisch es sich hineinzudrücken sucht in die Normalität. Wir haben zwei Drittel der Menschheit, die am Rande des Hungers stehen und die nicht verstehen, wie man in dieser Weise sich sicher fühlen zu können glaubt, indem man immer weiter hochrüstet ...«

So betrachtet, war der Anschlag auf das WTC möglicherweise eine nicht ganz durchdachte Demo der Initiative »Brot für die Welt«, ein wenig gemein, aber im Kern doch berechtigt, wenn man in kausalen Zusammenhängen denkt.

»Indem wir die Ursachen von Haß, von Gewalt, von Revanchedenken immer weiter treiben, schaffen wir eine Situation, in der wir natürlich verwundbar werden. Und immer bleiben werden. Auf diese Art von Terror war man nicht vorbereitet ..., so ist nie gehandelt worden, das ist eine neue Dimension der Kriegführung der Schwachen ... Und man muß fürchten, es ist nur der Anfang, denn wir sind längst dabei, an der Südflanke der Nato vor allem gegenüber dem arabischen Kulturraum aufzurüsten ... Wir bereiten uns auf die äußerste Konfrontation vor, im Namen der Zivilisation oder im Namen Gottes ... Die einzige Rettung, die wir wirklich hätten, wäre, wir würden begreifen, daß wir alle in einem Boot sitzen und daß wir nur, indem wir zusammen wachsen, Frieden stiften können.«

Ich drehte das Radio ein wenig leiser und fragte mich, wer mich dazu verurteilt hatte, mit dem Paderborner Moraltheologen in einem Boot durch die Geschichte zu kreuzen. Gut, ich gehörte auch zu den Schuldigen, weil ich noch Schokolade von Anthon Berg und isländischen Lachs im Kühlschrank hatte, angesichts der hungernden Massen in der Dritten Welt eine bedenkliche Vorliebe. Andererseits war ich mir nicht mehr ganz sicher, wer wen angegriffen und dem Erdboden gleichgemacht hatte: Die Amis im Namen von Milkyway und Johnny Walker zwei Moscheen in Mekka oder Terroristen zwei Hochhäuser in New York, um der unmenschlichen Zivilisation einen symbolischen Denkzettel zu verpassen. An dieser Stelle, dachte ich, müßte der Moderator eigentlich intervenieren und kurz nachfragen. Und tatsächlich, Herr Longard griff ein.

»Die Wahrscheinlichkeit, daß ein einziger Aufschrei nach Rache und nach Vergeltung ... zu hören sein wird, ist ja riesengroß ...«

Ich stutzte. Wären in Berlin bei einem Anschlag auf die SFB-Zentrale ein paar tausend Menschen mit einem Schlag ermordet worden, würde mit Sicherheit kein einziger Aufschrei nach Rache und nach Vergeltung zu hören sein, sondern nur die Bitte zweier überlebender Mitarbeiter, diese Art von Terror als Kriegführung der Schwachen zu verstehen, eine Verzweiflungstat, deren Ursachen man im Programm des SFB suchen müßte, der alle paar Monate einen »Tatort« produziert, während in Rumänien Kinder auf der Straße leben müssen. Der Moraltheologe, eben noch im Irak und in Japan unterwegs, war aber schon weiter als ich, nämlich in Palästina.

»An einem liegt mir noch sehr, ich fürchte, daß die morgigen Zeitungen voll sein werden mit Spekulationen, ob palästinensischer Terror im Hintergrund zu vermuten sei, man wird vorführen, wie in Israel, wie auf der Westbank, im Gaza-Streifen Selbstmordattentäter zu Werke gegangen sind, und man wird Verbindungen suchen ... Man muß bedenken, daß die Palästinenser den Terror als eine äußerste Sprache einer verweigerten politischen Diskussion instrumentalisiert haben, aber was sie möchten, ist die Gründung eines eigenen Staates, der über kurz oder lang ... ihnen nicht verweigert werden kann. Die israelische Friedensbewegung, Uri Avneri und Schriftsteller, wichtige Historiker, sehen und sagen das genauso, aber dazu braucht man den Einfluß der Vereinigten Staaten von Amerika. Viele Palästinenser hassen die USA, aber eben deshalb, weil sie tatenlos oder halbherzig der Tragödie zusehen, statt als engagierte Ordnungsmacht zu tun, was damals zwischen Ägypten und Israel durch die Pendeldiplomatie von Henry Kissinger möglich war. So etwas wäre jetzt auch nötig, es müßte Colin Powell hin, er müßte vier Wochen lang oder wenn nötig vier Monate lang jeden Tag und jede Stunde mit den wechselnden Parteien reden, bis da Frieden ist, dann wäre eine ganz wichtige Lunte im Hintergrund vor allem des arabischen Terrorismus endlich ausgetreten. Aber nur aus innenpolitischen Rücksichtnahmen in den USA die Hände in den Schoß zu legen und die Dinge weiter in den Untergang treiben zu lassen, kann keine Alternative sein.«

Gibt es ein Grundrecht auf Dummheit, das von einem moraltheologischen Anspruch gedeckt wird? Und was bedeutet es, wenn eine Richtigstellung verbreitet wird, noch bevor die Falschmeldung bekannt wurde? Niemand außer dem Paderborner Experten für Ersatzsprachen der Gewalt hatte die Palästinenser mit den Anschlägen in Verbindung gebracht. Und niemand außer ihm kam auf die lustige Idee, Terror als die »Sprache einer verweigerten politischen Diskussion« zu definieren. Vor allem nicht im Palästina-Konflikt, wo der Terror seit dem Abkommen von Oslo 1993 die politische Diskussion zwischen den Israelis und den Palästinensern wie ein Schatten begleitet hat, wobei die Terrorakte nicht dazu dienen sollten, den Frieden zu erzwingen, sondern ihn zu verhindern.

Aber der Moraltheologe weiß es besser, er weiß auch, daß die Palästinenser die USA deshalb hassen, weil die Amis ihrer Aufgabe als Ordnungsmacht nicht nachkommen. Dabei war kein anderer »Staatsmann« so oft in Washington zu Besuch wie Jassir Arafat, und noch Ende des Jahres 2000 ist Bill Clinton in Camp David und Sharm el Sheik vor Arafat auf den Knien gerutscht, um ihn zu einem historischen Kompromiß zu bewegen, dem Ehud Barak zähneknirschend zugestimmt hatte.

Die Vorstellungen des Moraltheologen von »Pendeldiplomatie« sind so klar wie die von der israelischen Friedensbewegung, auf die er sich beruft, so wie andere sich auf ihre »jüdischen Freunde« berufen, bevor sie loslegen. Und wenn Colin Powell nicht alles stehen und liegen läßt, um vier Wochen oder vier Monate oder notfalls auch vier Jahre mit den Israelis und den Palästinensern zu reden, bis der Frieden da ist, wird der Moraltheologe nicht zögern, beim nächsten Anschlag wieder Tacheles zu reden und noch lauter »Kehret um!« zu schreien.

»Wenn wir geschlagen werden, fühlen wir uns gedemütigt. Das ist weit weg, daß Sokrates im 5. Jahrhundert vor Christus sagen konnte: Unrecht erleiden ist besser als selber Unrecht tun. Es ist zweitausend Jahre her, daß Jesus sagen konnte, wer dich auf die eine Wange schlägt, dem halt die andere hin, aber diese Lehren waren der Anfang der Menschlichkeit.

Auf archaischem Hintergrund fühlen wir uns immer noch gedemütigt, wenn wir angegriffen und geschlagen werden, wenn man uns verletzt hat, und dann gellt der Schrei nach Rache immer noch. Genauso spricht George Bush heute. Wir werden sie zur Strecke bringen! Und ich fürchte, genauso wird es kommen, man wird die Systeme der internationalen Strangulation vor allem von arabischen Staaten, in denen man die Täter vermutet, weiter verschärfen ..., man wird den Schrei der Gerechtigkeit verwechseln mit dem Ruf nach Rache, kurz, ich fürchte, daß die Besinnung, die dringend nötig wäre, gerade angesichts des Entsetzlichen, das passiert ist, wieder zugrunde geht und man in den alten Trott zurückfällt, dann wird das Leid wieder dahin führen, nur eine neue Eskalationsstufe der Fähigkeit, Leiden zuzufügen, zu erreichen ... Es muß irgendwo eine Grenze geben, es gibt kein Wort, auch nicht das der Gerechtigkeit und der Rache, das uns gestatten dürfte, so weiterzumachen. Irgendwo ist ein Punkt, an dem wir alle umkehren müßten. Der heutige Tag wäre ein solcher Punkt.«

Was hätte George Bush tun sollen, um des Moraltheologen hohe Ansprüche zu erfüllen? Wie Jesus die andere Wange hinhalten? Also statt die Abwehr zu mobilisieren, die Luftüberwachung anweisen, die nächsten Selbstmordflieger sicher zu ihren Zielen zu lotsen? Welcome to the USA! Be our guests! Bis zum Hancock-Tower sind es 80 Meilen bei leichtem Südwestwind! Oder gleich ein paar Linienmaschinen über Wohngebieten abstürzen lassen, sozusagen als Good-will-Geste gegenüber allen Unterprivilegierten, die sich kein One-way-Ticket nach New York und Washington leisten können? Statt umzukehren, macht der sture US-Präsident weiter und schreit nach Rache, während Osama bin Laden sich an die Ratschläge des Moraltheologen hält und der ganzen Welt den Frieden erklärt.

Nach einer kurzen Musikpause meldet sich ein Hörer am Telefon und sagt: »Ich finde es sehr schade, daß man sich mit dem Grundproblem überhaupt nicht auseinandersetzt ...« –
Stimmt, antwortet der Moraltheologe, es sei sogar so, »daß wir eine Araberphobie in unsere Kultur hineinplantieren. Der arabische Fundamentalismus, der Islamismus ist die neue Bedrohungsvokabel für uns geworden. Und alles was wir tun beim Aufrüsten findet den moralischen Rechtfertigungshintergrund in diesem neuen Feindbild. Und wenn wir jetzt noch von Terror sprechen, haben wir jede Legitimation vorzugehen ... statt daß wir uns die Mühe geben zu begreifen, wie es dahin kommt, daß in ganzen Bevölkerungsgruppen, in ganzen Kulturregionen Terrorismus als Ersatzsprache des längst überfälligen politischen Diskurses verstanden wird.«
»Ich denke, das ist genau der Punkt«, sagt der Hörer, der auch schon lange darauf gewartet hat, daß er an dem überfälligen Diskurs teilnehmen darf.
Eine Hörerin meldet sich. Sie sei »total geschockt«, und je mehr sie über die Anschläge nachdenke, desto mehr fühle sie sich erinnert an die »chirurgischen Eingriffe« der Amerikaner »in Bagdad oder in Jugoslawien«. Sie habe Angst, »daß in der Nacht schon irgendwelche Ver-

geltungsschläge Richtung Kabul oder so laufen« würden.
»Wir sind komplett geschockt und hätten gerne darüber
geredet.« Wahrscheinlich, sagt die Hörerin, wäre es »recht
zynisch, wenn ich das so sage«, aber die Amerikaner
»haben es ein bißchen zurückbekommen«, und wenn sie
»heute nacht oder wann immer zurückschlagen, dann
müssen sie sich nicht wundern, daß es dann immer weiter eskalieren wird, die ganze Situation«.

»Das Furchtbare ist, daß der Terror im Grunde das Spie-
gelbild der Gewalt ist, die in staatlicher Regie ausgeübt
wird«, sagt der Moraltheologe zustimmend, und die Hörerin gibt ihm recht: »Genau.« Worauf der Moraltheologe
noch einmal ausholt:

»Terror ist die Waffe der Ohnmächtigen und deswegen
rücksichtsloser, skrupelloser, wenn man so will … Wann
lernen wir, die Sprache des Hasses als ein Betteln und
Bitten darum zu verstehen, daß man sich auseinander-
setzen müßte über die Gründe einer solchen inneren
menschlichen Entfernung. Es gibt keinen Haß, schon
unter Individuen, der etwas anderes wäre als eine enttäuschte Liebe. Menschen möchten dazugehören, das ist
der Sinn dieser ganzen irrsinnigen Aktionen … Da wird
gemordet, um besser dabei zu sein. Nur, wer hört das? In
der Bibel versteht Gott das und schützt am Ende Kain,
aber in der menschlichen Geschichte rotten wir weiter
aus, bekämpfen wir das Böse im Grunde immer wieder
dadurch, daß wir es eine Stufe höher in die eigene Praxis
übernehmen. Aus diesem Teufelskreis sollten wir raus,
und ich könnte nur wünschen, daß der heutige Tag eine
Besinnung brächte.«

»Ja, das wünschte ich auch«, sagt die Hörerin, die wie der Moraltheologe der Meinung ist, daß die Anschläge von New York und Washington nicht nur Wake-up-calls für die Amerikaner, sondern Aufrufe an uns alle waren, Massenmorde als Beweise enttäuschter Liebe zu akzeptieren und mit Liebe zu erwidern. Wie sehr müssen die Nazis die Juden geliebt haben, wie sehr haben sie sich danach gesehnt, mit am Schabbat-Tisch sitzen zu dürfen, bevor sie abgewiesen wurden und deswegen zu irrsinnigen Aktionen greifen mußten. Doch wie immer, wenn viel Blut vergossen wurde, gibt es auch eine Hoffnung, »daß das Leiden wenigstens diesen Sinn gehabt hätte, sonst wird es immer weiter gehen«.

So geht ein Tag sinnvoll-besinnlich zu Ende. In New York qualmen die Trümmer und in Paderborn dampft der Drewermann.

ARCHITEKTUR UND ARROGANZ·
DAS PRINZIP VON URSACHE UND WIRKUNG

Gleich nach den Anschlägen von New York und Washington waren viele Deutsche zunächst einmal entschlossen, mit Gebeten und Mahnwachen dem Terror die Stirn zu bieten. Nur ein paar Intellektuelle waren der Masse wieder einmal um eine erkenntnistheoretische Nasenlänge voraus. Am 13. September, also zwei Tage nach dem Big Bang, lud die Senatsverwaltung für Wissenschaft, Forschung und Kultur zusammen mit der Akademie der Künste zu einer Diskussion in das Haus der Kulturen der Welt ein. Thema: »Terror-Gefahren für das Zusammenleben der Kulturen.«
Es war genau das richtige Thema für das Haus der Kulturen der Welt in der John-Foster-Dulles-Allee im Tiergarten, wo auch internationale Konferenzen über »Kulturpolitik als Globale Aufgabe/Global Dimensions of Cultural Policy« stattfinden und Trommlergruppen aus der ganzen Welt aufspielen.
An diesem 13. September ging es um mehr. »Alle Berliner und Berlinerinnen« waren herzlich eingeladen, »angesichts der verheerenden Anschläge in den USA und den daraus resultierenden Verunsicherungen« an einem öffentlichen Gespräch mit »WissenschaftlerInnen und

KünstlerInnen« teilzunehmen. Die Veranstaltung wurde zu einem Tribunal – nicht über den Terror, der das Zusammenleben der Kulturen gefährdet, sondern über die USA, den Verursacher des Terrors.

Nach der Vorstellung der Teilnehmer eröffnet die damalige Berliner Senatorin für Wissenschaft, Forschung und Kultur, Adrienne Goehler, die Diskussion mit der Feststellung, es habe eine »Attacke auch auf unsere Sinne und unsere Selbstverständlichkeiten« stattgefunden. »Wir stehen vor einer Situation der Sündenbockbildung, die eine ganze Religion, einen ganzen Erdteil möglicherweise in Diskreditierung bringt.«

Da stellt der Moderator der Runde, Hans-Georg Knopp, Generalsekretär des Hauses der Kulturen der Welt, die richtungweisende Frage: »Kann man hier von Kulturkampf oder dem Kampf der westlichen Zivilisation gegen Barbarei sprechen? Was hat dieser Terrorakt mit Kultur zu tun?«

Die Schriftstellerin Ulrike Draesner, bislang vor allem mit Lyrik aufgefallen, meldet sich freiwillig an die Front: »Jemand, der Zivilisation für sich in Anspruch nimmt, indem er andere für Barbaren erklärt, kann nicht so sonderlich zivilisiert sein«; auch in einer Krisensituation komme es darauf an, »die Freiheit des Blickes zu bewahren und zu sehen, daß auch die andere Seite in keiner Weise zivilisationslos ist ...« Zudem müsse man »vorsichtig sein mit den Begriffen, die wir benutzen, die aus Amerika kommen, die in unserer Kultur etwas anderes heißen, wie Kultur und Zivilisation ...«

Der Präsident der Akademie der Künste, György Konrad, schreitet ein: »Barbarei oder Zivilisation sind urblöde Formeln«, es habe soeben ein »partieller Genozid« stattgefunden, der eine »strenge internationale polizeiliche Maßnahme« nach sich ziehen sollte. »Ich hasse die heiligen Kämpfer, sie sind Mörder. Ich mag auch nicht die Intellektuellen, die viele Rechtfertigungen finden für die heiligen Kämpfer. Sie haben in ihrer Seele ein Stück vom Mörder.«

Der Präsident der Berlin-Brandenburgischen Akademie der Wissenschaften, Dieter Simon, berichtet, wie es in seiner Seele zugeht: »Wenn ich so ein hündisches Verbrechen erlebe, dann beobachte ich bei mir, und das nehme ich den Terroristen am übelsten, dann beobachte ich bei mir einen Zustand, den ich von Profession her, von Neigung und von Lebenserfahrung immer versucht habe zu überwinden, nämlich das Bedürfnis nach Rache. Ich weiß nicht, wozu ich fähig wäre, das weiß man nicht, aber meine Vorstellungskraft ist für mich selbst erschreckend. Das ist das eine. Das andere ist, daß ich dann auch Statements wie unsere Zivilisation, unsere Welt sei Opfer eines fürchterlichen Angriffs geworden, ohne Besinnung zujubele. Das heißt: Ich stelle fest, die anderen sind die Bösen, wir sind die Guten, wir sind zivilisiert, die anderen gehören einer Welt an, die ich bestrafen möchte. Ich brauche eine relativ lange Zeit, um mir klarzumachen: das darf nicht deine Haltung sein. Was werden die Amerikaner machen? Werden sie sich solchen Argumenten beugen? Schon, daß wir hier diese Frage stellen, Islam versus

Christentum, westliche Welt versus Orient, schon das zeigt, daß wir uns auf einem enorm gefährlichen Weg befinden, einen Weg, den wir schleunigst verlassen sollten, selbst die Thematisierung bestimmter Dinge kann schon tödlich sein.«

Tödlich ist also nicht der Angriff auf ein Hochhaus mit einem Zivilflugzeug als Waffe, tödlich ist die Thematisierung bestimmter Fragen im Zusammenhang mit Terroranschlägen. Sagt ein Akademievorsteher, der es den Terroristen »am übelsten« nimmt, daß sie ihn dazu gezwungen haben, vom Pfad der Political correctness abzuweichen, die keine Guten und keine Bösen kennt und auch angesichts eines Massenmordes vor Schuldzuweisungen zurückschreckt – außer an die Adresse der Opfer.

»Was mir am meisten Angst macht«, sagt Wolfgang Benz, Historiker und Direktor des Instituts für Antisemitismusforschung an der TU, »das ist die Martialität der Selbstgerechten, die jetzt die Zivilisation im Munde führen, um drastische Maßnahmen propagieren zu können.« Und er erinnert an ein Ereignis vor fast 100 Jahren, den Herero-Aufstand von 1904. Was danach geschah, »war der erste Genozid des 20. Jahrhunderts, von der deutschen Schutztruppe in Deutsch-Südwestafrika verübt, die Opferzahlen zwischen 30.000 und 100.000 Menschen, die im Namen der Zivilisation und im Namen des Besseren in die Wüste getrieben wurden, um dort zu verhungern, die abgeschlachtet wurden ...«

Wir stutzen einen Moment: Was hat das Blutbad an den Hereros mit dem Anschlag auf die Twin Towers zu tun? Wo liegen die historischen Parallelen? Sind nicht auch die Ambonesen von den Holländern übel behandelt worden? Und die Kongolesen von den Belgiern? War nicht mal was in Biafra, über das wir uns aufgeregt haben? Irgendwie hängt ja alles mit allem zusammen, da wird ein kluger Historiker schon die passende Überleitung finden.

»Müssen wir nicht das bißchen Toleranz, das wir zu praktizieren erlernt haben, müssen wir das nicht jetzt gegen unsere Politiker verteidigen, die vor den Fernsehkameras stehen und so ähnliche Vokabeln gebrauchen wie einst die Nibelungentreue (Beifall im Saal), als man die Feinde 1914 auch ganz genau kannte, es waren die Serben und einige andere, als das so klar vor jedem Auge stand und als das so unhinterfragt war, die Welt einzuteilen in die Guten und die Bösen? Muß man nicht das bißchen Normalität verteidigen gegen diejenigen, die jetzt drastisch und martialisch glauben sein zu müssen, die gegen einen unbekannten Feind mit Kriegsschiffen, mit Kriegserklärungen agieren, gegen einen Feind, den man noch gar nicht kennt? Ist das nicht die größte Gefahr?«

Dankbarer Beifall erfüllt den Raum. Professor Benz ist nicht allein. Peter Heine, Islamwissenschaftler an der Humboldt-Universität, sagt, es gebe 1,3 Milliarden Moslems auf der Welt. »Sind das alles Terroristen? Klammheimliche Unterstützer? Wenn man mit dem Finger auf einen anderen zeigt, dann zeigt man immer mit drei Fingern auf sich selbst.«

Werner Schiffauer, Islamwissenschaftler an der Viadrina-Universität in Frankfurt an der Oder, gibt zu bedenken, die Anschläge vom 11. September seien »vergleichbar mit Pearl Harbor, nur da ist niemand, der offiziell den Krieg erklärt. Es gibt keine Gruppe, die sich dazu bekennt, die sagt, wir sind verantwortlich ...«

Da hält es eine Frau aus dem Publikum nicht mehr aus. »Das hören wir seit zwei Tagen im Fernsehen, ich möchte jetzt was Neues hören, ich möchte, daß man jetzt auf das Prinzip Ursache und Wirkung zurückkommt, Sie nennen sich doch Wissenschaftler, Ursache und Wirkung, danach funktionieren die Sachen. Die USA macht seit vierzig Jahren eine derart zynische Politik, die USA baut zivilisierte Atombomben, die USA legt zivilisierte Tretminen (Beifall im Saal), die USA steigt zivilisiert aus dem Klimaabkommen aus, die USA legt überall Hunger auf der ganzen Welt, die USA nennt sich Weltmacht, laut und deutlich ...«

György Konrad schreitet nochmals im Namen der Vernunft ein: »Und darum muß man 10.000 Menschen töten, sagen Sie bitte?«

Die Frau sagt, man muß nicht. »Ich bin überhaupt nicht dafür, daß Leute getötet werden, allerdings hungern heute Kinder überall auf der Welt, und ich weiß, wo wer dafür verantwortlich zu machen ist.« Das wissen auch die Zuhörer und spenden solidarischen Beifall.

Eine oder zwei Wortmeldungen später kommt Ulrike

Draesner auf den Kern der Debatte zurück, den Zusammenhang von Ursache und Wirkung.

»Mir sträuben sich die Haare, wenn ich das Gefühl habe, ich soll manipuliert werden. Ich habe mir gestern und heute CNN angeschen, dort höre ich eine Sprache des Krieges und eine Sprache der Emotionalität und eine Sprache der Selbstgerechtigkeit, nie ein Hinterfragen der eigenen Geschichte, der Geschichte auch, die zu solchen Akten führt, die stehen nicht nur so im Raum, die fallen nicht vom Himmel herunter (Beifall im Saal). Da sträuben sich mir die Haare, denn ich spüre, wie ich manipuliert und emotionalisiert werden soll ... Wir hören immer wieder dieselben Sprüche, wir hören Herrn Bush sagen: Freedom has been attacked. Was für eine Freiheit?«

Dann stellt die Lyrikerin eine Frage an die Politikerin in der Runde: »Frau Goehler, was kann man tun, was können Sie tun auf der politischen Bühne, um Deeskalation und Differenzierung zu realisieren?«

So kommt Adrienne Goehler, die bis jetzt klug geschwiegen hat, zurück in die Diskussion. Sie weiß etwas, das andere nicht mal ahnen.

»Ich halte diesen Akt nicht für einen Akt von Verzweifelten oder Unterdrückten, sondern dieser Akt war das Ergebnis einer durch und durch kalten und berechnenden Logik eines hochprofessionellen Geheimdienstes und/oder Militärapparats. Und das ist eben so interessant, weil es quasi diese sich so sicher wähnende Weltmacht, die einzige Weltmacht, nicht nur an einer Achillesferse getroffen hat, sondern sie ist eigentlich mitten ins symbolische Herz hineingegangen. Diese beiden Türme, Freiheit,

World Trade Center, das ist eine so hochgeladene Symbolik, die da attackiert worden ist, da wird es so eine neue Qualität, finde ich. Es wurden immer in Kriegen oder in mörderischen Aktionen, es wurden immer Unschuldige mitgerissen, es ist das Wesen eines solchen Krieges, aber diese Symbolik, auf das Herz der Amerikaner zu zielen, da ist eben, wo ich meine große Beunruhigung darin habe, daß diese hochgradig symbolische Handlung, daß die in Amerika sozusagen alles freisetzt an Ventil, was man sich vorstellen kann. Und da können, glaube ich, nur die größte Behutsamkeit, das größtmögliche kollektive Eintreten für demokratische Werte, für Werte, die auf Respekt und Anerkennung der Andersartigkeit beruhen, die können jetzt nur entgegengehalten werden. Und natürlich finde ich, muß auch ein Bundeskanzler dafür kritisiert werden, daß er nicht etwa sagt, dieses ist ein Angriff auf die Demokratien, auf das friedliche Zusammenleben der Völker, auf die Zivilgesellschaft, sondern daß er sagt, dieses ist ein Angriff auf die zivilisierte Welt (Beifall) ... Und dieses ist in der Tat auf dem direktest möglichen Weg an diesen Bundeskanzler zu übermitteln.«

Karl Kraus muß an Adrienne Goehler gedacht haben, als er meinte, es genüge nicht nur, keine Gedanken zu haben, man müsse auch unfähig sein, sie auszudrücken. Für eine Kultursenatorin ist es eine bemerkenswerte Leistung, daß sie nicht in der Lage ist, zwei zusammenhängende Sätze zu formulieren. Dennoch hat sie etwas zu sagen. Nämlich, daß die Anschläge »eine hochgradig symbolische Handlung« waren, während die Amis im Begriff sind, im Gegenzug alle realen Ventile aufzumachen. Die einen greifen »Symbole« an, die anderen schlagen echt zu. So was kann nicht hingenommen werden, vor allem wenn sogar der eigene Kanzler die Zivilgesellschaft, in der Adrienne Goehler Kultursenatorin werden konnte, mit der zivilisierten Welt verwechselt.

Hans-Georg Knopp, der Generalsekretär im Haus der Kulturen der Welt, hat, während die Kultursenatorin sprach, schon die nächste Frage ausgearbeitet.
»Ist denn unser Kulturbegriff, den wir von uns haben, ein abgeschlossener Kulturbegriff, kein offener Kulturbegriff, einer, der unter Umständen sogar gradezu Aggressivität provoziert? Ist der noch geeignet in unserer Welt?«

Hans-Christoph Buch sagt darauf, er habe »nicht den Eindruck, daß dieser Anschlag sich gegen einen Kulturbegriff richtete, eher gegen die Globalisierung«, allerdings gebe es da »noch eine andere Dimension«, den »Einbruch des Ernstes in unsere Spaßgesellschaft ..., der Gewalt und des Todes ... Wir werden auf den Boden der Tatsachen gestoßen, wir müssen wahrnehmen, daß es Bestrebungen gibt, diese Kultur nicht nur in Frage zu stellen, sondern auch zu attackieren, mit Gewalt, das hätte man auch vorher wissen können, aber es paßte nicht in die bundesdeutsche Landschaft ...«

Jetzt ist der Moment gekommen, »das Gespräch zum Publikum hin zu öffnen, Fragen an das Podium« zu stellen, sagt der Moderator.

Der multikulturellen Tradition des Hauses folgend, meldet sich als erste eine Japanerin und gibt ein längeres Statement ab, das mit der Frage endet:

»Was ist das Wesen der USA? Wie viele unschuldige Menschen wurden von den USA getötet?« Sie bekommt solidarischen Beifall und setzt sich zufrieden wieder hin.

Eine Frau, die bis jetzt nichts gesagt hat, bringt die Diskussion wieder auf den Punkt: »Von nichts kommt nichts«, es sei die US-amerikanische und westliche Politik, die solche »Konsequenzen nach sich zieht«.

Ein Mann möchte wissen: »Welche Mittel brauchen wir denn, um das Elend in der Welt zu beseitigen? Um die Ungerechtigkeiten zu bekämpfen und aufzuheben?«

Bevor jemand diese einfache und doch so grundsätzliche Frage beantworten kann, steht eine nicht mehr ganz junge Frau auf, die sich als »psychologische Psychotherapeutin« vorstellt, die »auch mit Sprache« arbeitet und »politisch-literarische Texte« schreibt. Sie bebt vor »Betroffenheit, Angst, Wut und Verzweiflung«; als Reaktion auf die Worte des Bundeskanzlers von der uneingeschränkten Solidarität habe sie einen Brief formuliert, den sie »gerne vorlesen« möchte. Da niemand »Nein, danke!« ruft, schreitet sie zur Tat.

Es dürfe, hat sie dem Bundeskanzler geschrieben, »keine Identifizierung der Terroristen mit dem Bösen« geben, aus dem sich »dann ein Krieg der Guten gegen das Böse scheinbar legitimieren ließe«. Statt dessen fordert sie: »Aufspüren und vor Gericht stellen der Terroristen mit rechtstaatlichen Mitteln, ohne ein Volk oder eine Religion als die Schuldigen hinzustellen.«

Wie man die Terroristen aufspüren, ob man ihnen einen Haftbefehl per e-mail oder mit Hilfe eines deutschen Gerichtsvollziehers schicken soll, sagt sie nicht. Hauptsache, es werde niemand als der oder das Böse identifiziert, weil die Folgen dann unabsehbar seien. Es ist Märchenstunde in der Kita für Erwachsene: alle lieben Hänsel und Gretel, und keiner will wissen, wo die böse Hexe steckt.

Eine Frau von der Uni Halle sagt: »Die Indizien reichen nicht aus, die Täter zu identifizieren, deswegen wundert es um so mehr, wenn nicht nur in den Medien, sondern auch hier von allen ausgegangen wird, daß das schon Fakt ist« – und bekommt für diesen kryptischen Satz heftigen Beifall.

Und wenn »es sich nachher herausstellen sollte, daß die Täter aus dem Kreis rechtsextremer Amerikaner kommen ...« – Ja, das wäre schön, dann müßte man keine Skrupel haben, ein Volk oder eine Religion als die Schuldigen hinzustellen.

Adrienne Goehler greift wieder in die Diskussion ein. »Ich sag noch mal was zu diesem World Trade Center. Ich bin ja von Hause aus Psychologin, und natürlich steht dieses World Trade Center nicht etwa für eine Zivilgesellschaft, sondern es sind die schlechthinnigen Symbole für Globalisierung, für Kapitalismus, für Weltmacht. Es ist ein Weltmachtsymbol, und dieses Symbol wurde angegriffen. Genauso wie natürlich das Pentagon ein Weltmachtsymbol ist und nicht irgendwie eine friedliebende und vor allen Dingen zivilisatorische Einrichtung. Das ändert nichts daran, daß Menschen, die dort drin arbeiten, davon getroffen werden, auch dann, wenn es sich um diese aggressive Symbolik handelt. Wem nützt dieser Krieg? Er nützt natürlich der inneren wie der äußeren Aufrüstung, er nützt dem Bedürfnis nach Sicherheit und Hochsicherheit ... Natürlich ist es so, das funktioniert, deswegen machen wir die Veranstaltung, das war unser Motiv zu sagen, jetzt um Gottes willen nicht diese Kurzschlußreaktionen, die sagen, das muß doch irgendwie aus dem Islam kommen. Natürlich ist dieses in den ersten drei oder fünf Minuten nach dem Attentat passiert, nur es ist so wirksam, und das einzige Mittel, das ich dagegen kenne, ist das Reden, das Differenzieren ... Wo leben die Muslime, natürlich, was jetzt funktioniert, ist Iran, Irak, Afghanistan, Palästina, das sind die Punkte, die im Kopf befördert werden, und das ist die Gefahr, und dagegen, glaube ich, an das Denken heranzukommen, kann nur unsere Möglichkeit sein.«

Es war nicht ganz klar, was Adrienne Goehler sagen wollte, außer: Lieber Gott, laß es bitte keine Muslime sein, laß es nicht aus dem Islam kommen. Der Gedanke war ihr so wichtig, daß sie alle Regeln von Syntax und Grammatik aufgab und mit Eigenkreationen ersetzte.
Aber es ist nicht die eigenwillige Sprache der Senatorin, die den Historiker Wolfgang Benz zum Widerspruch reizt, sondern etwas ganz anderes:
»Wenn Sie erlauben, ich kann mich doch nicht ganz zurückhalten, ohne Ihnen, Frau Goehler, ins erlernte Handwerk pfuschen zu wollen, die Symbolik der Türme ...«

Goehler: »Der Historiker gegen die Psychologin ...«

Benz: »Das sind ja auch noch ...«

Und bevor Benz seinen Satz zu Ende bringen kann, ruft Goehler dazwischen:

»Auch noch phallisch, das hab ich vergessen zu sagen!« – worauf ein heftiger Lacher im Saal die humoreske Ejaculatio praecox abrundet.

Benz: »Das hätte ich nicht gesagt, aber es sind Symbole von Stolz und Reichtum und von Arroganz. Solche Gebäude aufzurichten, das ist die äußerste Arroganz, und die Verletzlichkeit ist damit mit eingebaut. Und die Attacke gegen diese Gebäude, mit dieser Attacke kann man eigene Ohnmachtsgefühle und eigene Demütigungen auslöschen und in die Ohnmacht und die Demütigung des Gegners verwandeln ... Und das evoziert die drastischen und die dramatischen Reaktionen und die martialischen Reaktionen, und das macht es so gefährlich und so verheerend, gerade diese Symbole anzugreifen und zu zerstören.«

Auch Wolfgang Benz, der sich als Antisemitismusforscher einen Namen gemacht hat, aber als Städteplaner noch nicht aufgefallen ist, sagt uns nicht, wo die Architektur aufhört und die Arroganz anfängt. Liegen dreißig Stockwerke auf dem Potsdamer Platz noch im Bereich der erlaubten Traufhöhe, während hundert in Manhattan bereits von Stolz, Reichtum und Arroganz zeugen? Der Präsident der Akademie der Künste, György Konrad, bemerkt immerhin, daß auch Kirchen hohe Türme haben. Aber erst gegen Ende des Tribunals flippt endlich ein Teilnehmer aus. H. C. Buch ruft:

»Ich bin schockiert, sogar entsetzt über einige Wortmeldungen hier aus dem Publikum und würde gerne eine Publikumsbeschimpfung loswerden. Es ist doch wirklich seltsam, wenn zwei Tage nach einem Mordanschlag das Opfer an den Pranger gestellt wird! Die Amerikaner sind schuld, und sie sind arrogant und sie dürfen nicht einmal emotional reagieren. Liebe Ulrike Draesner, in welcher Welt leben Sie denn? ... Ich möchte mich distanzieren von diesem Konsens, der hier herrscht, daß der US-Imperialismus oder die Globalisierung schuld ist an diesem Anschlag. Nein, an diesem Anschlag sind die schuld, die ihn begangen haben, und er richtete sich nicht gegen Symbole, er hat Menschenleben vernichtet. Wenn Sie das gut finden, müssen Sie das bitte auch laut sagen, und mit dieser Art von Populismus möchte ich mich nicht gemein machen. Das sind Einblicke in die Volksseele, die mich tief erschüttern ... Ich bin für einen kritischen Umgang mit den Verbündeten, ich bin für eine selbstbewußte Bundesrepublik, die nicht sinnlos in einen Krieg zieht, aber so geht es nicht!«

Falsch, so geht es doch, erwidert Ulrike Draesner, als ginge es darum, die reimlose Lyrik zu verteidigen:
»Lieber Herr Buch, ich lebe in einer Welt, in der Politik die Funktion hat, eben nicht emotional zu reagieren, sondern verantwortlich und mit Blick auf die Konsequenzen ... Und ich lebe für mich in einer Welt, in der eben nicht das Gesetz von Aug um Aug und Zahn um Zahn automatisch gilt.«

Es waren gerade etwas mehr als 48 Stunden seit den Anschlägen von New York und Washington vergangen, und in der Hauptstadt der Berliner Republik ging ein Tribunal im Haus der Kulturen der Welt zu Ende, bei dem nicht Aug um Aug und Zahn um Zahn vergolten, sondern ein Massenmord billigend in Kauf genommen wurde, weil die Opfer der Untat mit dem Kapitalismus, dem Imperialismus und der Globalisierung verbandelt waren. Ein Historiker, eine Kultursenatorin und eine Dichterin hatten sich moralisch entleibt, doch blieb das zunächst unbemerkt.

Zu einem Skandal kam es erst, als Reinhard Mohr elf Tage später im *Tagesspiegel* das »feige Denken« einiger Intellektueller beschrieb und dabei auch die phallischen Hochhaus-Phantasien der Kultursenatorin erwähnte. Mohr habe sie falsch zitiert und aus dem Zusammenhang gerissen, stellte die Senatorin fest, so habe sie es nicht gemeint, sie habe nur als gelernte Psychologin auf eine Frage nach der Symbolik der Türme reagiert. Im übrigen habe die Diskussion im Haus der Kulturen der Welt vor allem dem Zweck gedient, die Empörung über die Anschläge zu artikulieren.

Kann es sein, dachte ich, daß der Frau Unrecht getan wird? Ich rief im Haus der Kulturen der Welt an und fragte, ob ich mir mal die Aufzeichnung der Diskussion anhören könnte. »Kein Problem!« sagte man mir im Büro des Generalsekretärs, ich könnte mir die Kassetten in ein paar Tagen abholen. Nach ein paar Tagen gab es doch ein Problem: »Wir müssen erst bei den Teilnehmern der Diskussion anfragen, ob sie mit der Herausgabe der Kassetten einverstanden sind.«

Schließlich waren alle einverstanden, nur nicht die Kultursenatorin Adrienne Goehler. Sie wollte nicht, daß die Bänder das Haus der Kulturen der Welt verlassen, und die Leitung des Hauses, immer kämpferisch, wenn es darum geht, die Kultur der Dritten Welt nach Berlin zu holen, wollte keinen Streit vom Zaun brechen. »Sie können sich direkt an Frau Goehler wenden«, wurde mir geraten.

Ich bekam die Bänder trotzdem. Beim Abhören mußte ich Adrienne Goehler Recht geben. Reinhard Mohr hatte ihre Worte tatsächlich aus dem Zusammenhang gerissen. Im Kontext war alles noch gespenstischer. Klar, daß die Senatorin es vorzog, lieber falsch als richtig zitiert zu werden.

EINE ART FRIEDENSANGEBOT:
WOHIN MIT DER VERWERFUNG?

Der Satz, den man nach dem 11. September am häufigsten zu hören bekam, lautete: »Nichts wird mehr so sein, wie es einmal war.«
Sogar das Oktoberfest war kurz gefährdet, bevor einer der Wirte auf die rettende Idee kam und erklärte, genau das hätten die Terroristen mit ihrem Terror erreichen wollen – daß den Menschen die Lust am Feiern vergeht. Deswegen sei es nicht nur richtig, sondern auch ein Schlag in das Gesicht des Terrorismus, wenn das Oktoberfest, wie geplant, stattfinden würde. Also wurde wie jedes Jahr gesoffen, geschunkelt und gekotzt, wobei weniger Besucher, weniger Hektoliter und weniger Bierleichen gezählt wurden. Es war, wie ein Reporter bemerkte, ein »eher beschauliches Wiesnfest«.

Auch Alfred Biolek konnte sich dem Druck der Ereignisse nicht entziehen. Am 11. September fiel sein Boulevard den aktuellen Berichten zum Opfer, eine Woche später, am 18., hieß es auch bei Bio: »Nichts ist mehr wie vorher«.
Biolek hatte vier Gäste eingeladen: einen 24 Jahre alten Journalisten aus Köln, der zufällig in New York vor Ort war und »in letzter Minute gerettet werden« konnte, einen

in Deutschland lebenden Muslim, den Islam-Experten Michael Lüders und den Publizisten Roger Willemsen.

Als ersten befragte Biolek den »Überlebenden«. Er war gerade in der U-Bahn, als die erste Maschine in den Nordturm krachte, und er stand etwa 300 Meter vom World Trade Center entfernt, als die zweite Maschine in den Südturm einschlug.

»Ich bin rumgelaufen und habe fotografiert«, erzählte der junge Mann mit völliger Ruhe, als hätte er ein Spiel der Boston Redsoxs gegen die New York Mets besucht. »Auf einmal flog was runter und fing an, mit den Armen zu rudern.« Da wurde ihm klar, wie ernst die Situation sein mußte, und er sagte sich: »Jetzt gehe ich nach Hause.«

Auf dem Weg aus dem Chaos sah er noch, wie der erste Turm zusammenstürzte, er lief zum Hudson River, sprang auf ein Schiff und schaute sich den Rest des Dramas von New Jersey aus an. Und nun saß er bei Bio im Studio vor einer Fototapete und erinnerte sich, wie schwierig es gewesen war, einen Flieger von New York nach Deutschland zu bekommen.

»Haben Sie das jetzt innerlich ziemlich gut verarbeitet?« wollte Bio wissen.

»Die Ereignisse von Dienstag schon, das ging erstaunlicherweise ziemlich schnell ...«, sagte der junge Mann, der Zeuge eines Massenmordes geworden war, den er mit seiner Kamera festgehalten hatte. Nur »was anderes« habe ihm »Angst gemacht in den Tagen«, die Reaktionen der Amerikaner.

»Ich hatte Angst, weil mit allen, mit denen man sprach und man sah auf der Straße, da waren Amerika-Fahnen aufgehängt, und die gab es an jeder Ecke zu kaufen, und die Leute trugen T-Shirts mit der amerikanischen Flagge, hatten sich die Fahne ans Auto, überallhin – im Gespräch mit Amerikanern war von Vergeltung, war von Rache die Rede, fuhr ein Jeep über die Straße, der hatte mit roter Farbe über die Scheibe geschrieben: ›Revenge‹ und ›Kill Those Bastards‹. Und als der über die Straße fuhr, jubelten die Leute, ballten die Fäuste und klatschten. Und wenn man das mitkriegt, und wenn man dann im Internet liest, Bush redet vom ersten Krieg des neuen Jahrhunderts, und er will die Verantwortlichen in ihren Löchern ausräuchern, und sie werden sehr bald was von ihm hören, und wenn man mitkriegt, daß die ganze Nato sich auf die Seite der Amerikaner stellt, da hat man Angst vorm Krieg.«

Und da nickte Bio einverständig, und er wünschte dem jungen Mann auf seinem weiteren Lebensweg alles Gute, und er fragte nicht, wie der sich heute fühlen würde, wenn er statt 300 Meter vom WTC entfernt zur Zeit des Unglücks im 100. Stockwerk auf dem WC gewesen wäre oder wenn ihm eines der Objekte, die im freien Fall mit den Armen ruderten, auf den Kopf gefallen wäre, denn er hatte einen Überlebenden vor sich, und Überlebende müssen lieb behandelt werden, denn sie haben ein Trauma, auch wenn sie nur eine Woche brauchen, um es innerlich ziemlich gut zu verarbeiten.

Auch Michael Lüders, Nahostexperte der *Zeit*, hatte eine schwere Woche hinter sich. Auch er war – im metaphori-

schen Sinn – ein Überlebender. Wann immer Udo Steinbach vom Hamburger Orient-Institut schon vergeben und
Peter Scholl-Latour verhindert war, mußte Lüders über
Osama bin Laden und die Taliban Auskunft geben, denn
er hatte einmal den engsten Vertrauten von Bin Laden
besucht und interviewt.

Lüders gab bei Bio zu Protokoll, er habe »in Damaskus
studiert, in Kairo gelebt« und »immer so eine gewisse Fas-
zination für das Orientalische, das Arabische« empfun-
den. »Es war sicher Karl May, der zu einem erheblichen
Teil dazu beigetragen hat ... Ich habe den Orient immer
erlebt als einen Ort der Gegenwirklichkeit, es gibt für
mich nichts Schöneres, als in einem arabischen Café zu
sitzen, eine Wasserpfeife zu rauchen und arabischen Sängern zu lauschen und gleichzeitig das Gespräch mit den
Menschen zu suchen. Sie sind sehr offen, die Menschen,
und sehr freundlich ...«

Lüders erzählte, wie er den Stellvertreter von Osama bin
Laden in einem »Hinterhof ohne Adresse« aufspürte, und
gab dann ein echtes Insider-Geheimnis preis: »Mullah
Omar, der Chef der Taliban, hat drei Gemahlinnen, und
seine jüngste Frau, eine Fünfzehnjährige, ist die Tochter
von Osama bin Laden.«

Bio schien schwer beeindruckt, wollte aber trotzdem wissen: »Woher kommt dieser Haß auf Amerika?«

Und Lüders, der Nahostexperte, der am liebsten in einem
arabischen Café sitzt und Wasserpfeife raucht und arabischen Sängern lauscht, holte zu einer Erklärung aus, die
so auch aus einer Wasserpfeife hätte kommen können.

»Das Wichtigste ist, daß man sehr genau hinschaut und differenziert, auf keinen Fall den Fehler macht, Osama bin Laden gleichzusetzen mit dem Islam, er hat mit dem Islam ähnlich viel gemein wie die Kreuzfahrer mit der Bergpredigt, es handelt sich hier um eine sehr instrumentalisierte Form von Religion, die benutzt wird ... Die Haßgefühle kommen vor allem daher, daß es in diesen Ländern bei allen Unterschiedlichkeiten doch so etwas gibt wie eine tiefe, ich möchte mal sagen, narzißtische Kränkung, das Gefühl, zu den Verlieren zu gehören, obwohl das eigentlich gar nicht angehen kann, denn der Islam, so sagen viele islamische Fundamentalisten, ist die beste aller Religionen, die wurde als letzte offenbart ... Trotzdem gibt es Stagnation in den islamischen Ländern seit dem Mittelalter, wie kann das sein ...«

So spricht ein Experte, der genau hinschaut und differenziert. Man sollte auf keinen Fall den Fehler machen, Lüders mit dem Gewerbe, dem er angehört, gleichzusetzen, denn es handelt sich um eine sehr instrumentalisierte Form des Expertentums, die benutzt wird, um ahnungslose Stubenhocker zu belehren. Mag schon sein, daß Osama bin Laden mit dem Islam so viel gemein hat wie die Kreuzfahrer mit der Bergpredigt, andererseits haben die Kreuzfahrer zwei Jahrhunderte lang das Gesicht des Christentums bestimmt, vor allem bei denen, die sie ins Jenseits beförderten. »Das kann doch nicht der Geist der Bergpredigt sein!« werden die Einwohner des Heiligen Landes gedacht haben, als die Kreuzfahrer bei ihnen einfielen, und es wird wahrscheinlich für viele der letzte Gedanke gewesen sein. Und die narzißtische Kränkung, von der man letztens so viel hört, würde in keinem Verfahren wegen Fahren ohne Führerschein als mildernder Umstand anerkannt, wenn der Angeklagte behauptete, es sei unter seiner Würde, eine Prüfung abzulegen, da er schon als Rennfahrer auf die Welt gekommen sei. Statt uns also zu erklären, warum die arabischen Länder seit dem Mittelalter stagnieren, wie sich Größenwahn und Inferioritätsängste gleichzeitig entwickeln konnten, bittet uns Lüders, die narzißtische Kränkung nicht weiter zu treiben.

»Man muß sehen, daß ein großer Teil der Frustration, die dann zu anti-westlichen Ressentiments führt in der arabisch-islamischen Welt, daher rührt, daß die Leute frustriert sind. Sie sagen, der Westen predigt immer Demokratie, Menschenrechte, Freiheiten, aber der Westen tut es immer nur dann, wenn es ihn in der Regel nichts kostet, also beispielsweise, von den Palästinensern wird Demokratie eingefordert und Rechtsstaatlichkeit, insbesondere vom Irak. Bei den amerikanischen Verbündeten in der Region, allen voran Israel und Saudi-Arabien, da läßt man auch schon mal Fünfe grade sein, wenn es völkerrechtlich oder von den Menschenrechten nicht so ganz optimal läuft. Das verbittert die Menschen, sie haben eine vollkommen andere Wahrnehmung als wir ... Wenn die arabischen Länder spüren, es gibt dort eine Gleichbehandlung beider Seiten, die Amerikaner sind wirklich fair und sagen, wir mögen euch und habt uns ein bißchen lieb, und außerdem geben wir euch Geld und wir exportieren Demokratie, in dem Moment haben sie die Herzen der Menschen erreicht ...«

»... und dann werden es die Terroristen sehr schwer haben«, setzt Biolek noch eins drauf.

Selbst Karl May hätte die Lage nicht besser analysieren können. Die arabischen Massen sind frustriert und laufen den Fundamentalisten nach, weil die Amerikaner ihnen die Demokratie nicht frei Haus liefern. Mit ein bißchen Geld und ein bißchen Liebe könnten die Amis die Herzen der Menschen in der arabisch-muslimischen Welt erobern, die derzeit den Mangel an Menschenrechten und Demokratie dadurch kompensieren, daß sie die amerikanische Fahne verbrennen und »Tod für Amerika!« schreien. Haß ist, das sagt auch der Paderborner Moraltheologe, enttäuschte Liebe, und wie sehr die Amerikaner in der arabisch-islamischen Welt geliebt werden, kann man an dem Haß ermessen, der ihnen entgegenschlägt. Wenn Lüders mit der Wasserpfeife fertig ist, wird er sich einen arabischen Kaffee bestellen und dann aus dem Kaffeesatz weitermachen.

Derweil wendet sich Biolek seinem Gast Roger Willemsen zu, einem weiteren Experten für Macht und Ohnmacht der Gefühle im öffentlichen Raum:

»Lieber Roger, wir kennen uns, du bist ein kritischer Geist, du bist ein Intellektueller, du hast sicherlich die Feuilletons in den letzten Tagen und Wochen gelesen, würdest du sagen, daß unser Thema heute für dich, daß du dem zustimmst: Nichts mehr ist, wie es war?«

Daß Willemsen ein kritischer Geist und ein Intellektueller ist, merkt man schon daran, daß er keine Frage mit Ja oder Nein beantwortet, sondern gleich mit einem Besinnungsaufsatz.

»Es ist so schwer, unter all den vielen aus dem Stehsatz kommenden Formulierungen, die schon für frühere Attentate gegolten haben und die selbst auf den Tod von Princess Diana angewendet worden sind, immer noch zu sagen: Das gilt. Ich bin eigentlich von Formeln erstickt, und insofern weiß ich nicht, ob das stimmt. Ich nehme eher an, daß die Zeit wie über die meisten Dinge sich auch darüber bald beruhigen wird. Und ich warte auf die Zeit, wo die brennenden Türme zum ersten Mal in einem Pop-Video auftauchen ... Ich bin nicht ganz sicher, ob das wirklich erschreckende Bilder waren, ich glaube, die Monumentalität oder die Erhabenheit der Katastrophe entspricht der Erhabenheit unserer Schaulust. Was erschreckend wäre, wäre eine algebraische Formel, 500mal am Abend gezeigt.«

Vor allem dann, wenn sie von Willemsen präsentiert würde, sagen wir, zwischen einem Erdbeben in Indonesien und einem Zugunglück in Südafrika.

»Ein solches Ereignis ist wie ein Thermometer, das man in die Kultur hält, und man sagt, woran haben wir uns amüsiert, was war eigentlich so komisch an diesen Bildern, und plötzlich ... hab ich in diesem Moment des Ernstes ein sublimes, ich will nicht sagen Vergnügen, ein sublimes Behagen daran, daß einen Augenblick lang gedacht werden darf, ... und ich diesem Terror des Amüsements, der Albernheit nicht mehr so ausgeliefert bin ...«

»... aber der Preis ist sehr hoch ...«, gibt Biolek zu bedenken.

»... der Preis ist riesig, aber man macht erst den Kotau und spricht von Mitgefühl – ich würde auch gerne vom Mitgefühl für die Hungernden in Afrika sprechen. Die Kultur amüsiert sich permanent vor dem Panorama Sterbender ..., es gibt eine Zweiklassengesellschaft der Toten, daran können wir nicht vorbei.«

Leider können wir auch an Willemsen nicht vorbei, der mit ständig neuen Mätzchen den Terror des Amüsements vorantrieb, bis ihm angesichts eines Verkehrsunfalls in New York einfiel, daß es Hunger in Afrika und eine Zweiklassengesellschaft der Toten gibt. Hätte er das nicht schon eher merken können? War er einfach zu sehr damit beschäftigt, Unterhaltungssendungen zu produzieren, die außer ihm kaum jemand sehen wollte?

Biolek ahnte, worauf Willemsen hinaus wollte: »Antiamerikanismus in diesem Augenblick ist fehl am Platz ...«

»Ganz im Gegenteil«, gab Willemsen zurück, »der Zeitpunkt wäre genau richtig ... Antiamerikanismus ist eine Formel, die verwendet wird dafür, daß eine berechtigte Kritik an George Walker Bush und die man wirklich plakativ und gründlich formulieren kann, und man braucht nur Kyoto zu sagen oder Naturpolitik oder Dritte Welt oder was immer, daß diese Kritik entkräftet wird, indem man sagt, das ist Antiamerikanismus. Nein, das ist die völlig legitime Kritik an politischen Vorgängen, die uns alle treffen, unter denen wir alle leiden. Das ist unser Präsident.«

An dieser Stelle wurde es selbst dem lieben Bio, der noch nie einem Gast widersprochen hat, zuviel. Er widersprach, nein, für seine Verhältnisse rastete er aus:

»Was ist die Alternative zu diesen bösen Amerikanern? Die Terroristen? Alle islamischen Länder sind beherrscht von korrupten kleinen Gruppen ... Das irritiert mich völlig, wenn ich das bei diesen Intellektuellen lese, so als wären diese blöden, dummen, vernichtenswerten Amerikaner jetzt endlich mal zurechtgestoßen worden. Und von wem?«

Damit hatte der kritische Geist Willemsen nicht gerechnet. Er schaute, als hätte ihm jemand ein Kulturthermometer in den Hals gesteckt und die sofortige Überführung zu Holiday on Ice angeordnet.

»Was ich glaube, ist, daß man eine politische Debatte über dieses Attentat nicht führen kann, ohne zu fragen: warum das WTC? Und wenn ich frage, wofür das steht, dann muß ich sagen, hier ist sehr bewußt ein Symbol ausgesucht worden, und es ist nicht zufällig ...«

Wenn das WTC ein Symbol für die Weltmacht USA ist, wofür, dachte ich, steht dann Roger Willemsen als Symbol da? Für den deutschen Intellektuellen, der aus der Rippe eines Gartenzwergs erschaffen wurde? Oder für einen Verbalsanitäter, der sein Mitgefühl an Bedingungen knüpft?

»Es ist nicht so, daß ich an dieser Stelle Amerika meine Sympathie, mein Mitgefühl, all das versage ... Aber ich muß auch sagen: Kadavergehorsam oder Duldungsstarre oder ein Verhalten, das sagt, wir stehen bedingungslos an der Seite der Amerikaner, vor dieser Bedingungslosigkeit habe ich Angst ...«

Endlich sprach er das Wort aus, auf das wir schon die ganze Zeit gewartet haben: Angst. Das ist es, was einen deutschen Intellektuellen auszeichnet, der Mut zur Angst. Und zwar nicht vor irgendwelchen Terroristen, die ihn mit einem Symbol verwechseln könnten, sondern vor der Bedingungslosigkeit im Umgang mit den Amerikanern. Dankbar für diese Klarstellung, hörte ich den letzten Worten des Nahostexperten und Wasserpfeifenrauchers Lüders zu, was wir tun könnten, um den interkulturellen Dialog voranzutreiben und gleichzeitig unsere eigene Lebensqualität zu verbessern.

»Unsere Vorstellung von der Art und Weise, wie wir unser Leben gestalten, ist nicht notwendigerweise eine Lebensform, die in alle Teile der Welt exportierbar ist ... Man muß MTV nicht in jedes Dorf in Afghanistan exportieren, das ist nicht Ausdruck von Fortschritt und von Weltoffenheit, es muß mehr geben von einem Dialog zwischen den Kulturen. Es ist absolut notwendig, zur Kenntnis zu nehmen, daß es da jemand gibt, der ist anders, aber nur deswegen, weil er anders ist, muß er nicht schlechter sein. Seine Art, die Dinge zu sehen, ist möglicherweise noch berechtigter als meine eigene Weise, dieses zu tun, es muß einen Dialog geben ... Es bedarf eines kulturellen Dialogs und es bedarf einer kritischen Überprüfung der eigenen Standpunkte, wofür stehen wir in unserer Gesellschaft, ist unser Individualismus, den wir bis zur Selbstverleugnung betreiben, ein Modell, das wirklich lebenswert ist, oder ist es nicht auch positiv, vom Orient zu lernen und die Nachbarschaftlichkeit, die guten menschlichen und sozialen Kontakte, die dort gepflegt werden, von denen zu lernen und sie in unsere anonymen Großstädte und unser anonymes Leben mit zu übertragen ...?«

Hat Lüders nicht eben erst gefordert, die USA sollten ein bißchen Geld und ein bißchen Demokratie in die islamisch-arabische Welt exportieren, um die Herzen der Menschen zu erobern? Und jetzt gönnt er den Unterprivilegierten nicht einmal ein bißchen MTV. Dafür sollten wir vom Orient lernen, unsere anonymen Großstädte und unser anonymes Leben mit sozialer Wärme aufzufüllen.
Wenn er damit meint, im Café sitzen, Wasserpfeife rauchen und Knafi essen, hätte ich nichts dagegen. Ich würde auch über einzelne begründete Fälle von Totalverhüllung mit mir reden lassen. Aber damit wäre die kritische Prüfung der eigenen Standpunkte schon abgeschlossen. Ich möchte die Anonymität, die meine Nachbarn daran hindert, mir zu sagen, was ich machen soll, nicht aufgeben, und ich möchte nicht die kalte, unpersönliche Rechtsordnung zugunsten der unmittelbaren, herzlichen Begegnung beim Vollzug der Prügelstrafe eintauschen.
Noch eine Frage dazu: Wenn Lüders all das so gut gefällt, warum lebt er nicht in einem kleinen afghanischen Dorf

ohne MTV, ohne Frauen und ohne den grausamen Individualismus der anonymen Städte?

Er kann nicht, er muß hierbleiben und uns helfen, Osama
bin Laden zu verstehen. Drei Wochen nach seinem Gast-
spiel bei Biolek trat er in der »Kulturzeit« bei 3sat auf.
Osama bin Laden hatte den Christen und den Juden soeben den Heiligen Krieg erklärt und Lüders sollte etwas
Passendes »zur Semantik und Symbolik« der Video-Rede
des Terror-Paten sagen.

»Beschreiben Sie, was Sie gesehen haben«, bat die Mode-
ratorin.

»Zuerst einmal finde ich die Symbolik sehr faszinierend,
er hat sich ganz bewußt vor einer Höhle drapiert und sich
dort filmen lassen ... Die Höhle ist eine Referenz an die
Urzeit des Islam, an die Zeit, als Prophet Mohammed im
7. Jahrhundert mit einer kleinen Schar von Getreuen los-
zog, zunächst die Arabische Halbinsel und dann die ganze
Welt für den Islam zu öffnen, zu erobern. Daran knüpft
er an, diese Symbolik wird in der islamischen Welt verstanden.«

Natürlich wäre die ganze Symbolik im Eimer gewesen,
wenn Osama bin Laden seine Rede statt vor einer Höhle
irgendwo in den Bergen im Speisewagen eines ICE zwischen Braunschweig und Göttingen gehalten hätte. So
was hatte ich schon vermutet, das leuchtete mir ein. Während ich aber die Kalaschnikow sah, die neben Osama bin
Laden an der Wand lehnte, sah Lüders einen Arm und
eine Hand, ausgestreckt zum Frieden.

»Aus seiner Sicht ist das, was er macht, eine Art Friedensangebot, in Anführungsstrichen, an den Westen. Er sagt, da ist die Kalaschnikow, ich kann sie benutzen, aber ich mache euch ein Friedensangebot. Ich sage euch, löst die Probleme in Palästina, und danach können die Amerikaner in Ruhe und Sicherheit leben. Aus seiner Sicht ist dies ein gerade freundschaftlich gemeintes Angebot, und damit erreicht er in der Tat ein breites Maß der islamischen Öffentlichkeit ...«

Aus seiner Sicht? Und wie sieht das Friedensangebot aus unserer Sicht aus? Könnte es sein, daß Israel der Preis ist, den Osama bin Laden dafür verlangt, daß er die Amerikaner in Ruhe und Sicherheit leben läßt? Glaubt der Nahostexperte Lüders wirklich, es gehe Bin Laden um den Frieden im Nahen Osten und nicht um einen Nahen Osten ohne die Juden? Wie Osama bin Laden ist auch Lüders der Meinung, wenn es den Palästina-Konflikt nicht gäbe, wäre der gesamte arabisch-islamische Raum ein befriedetes Gelände.

»Es wird eine Lösung des Terror-Problems nicht allein mit militärischen Mitteln geben, der Westen wird sich fragen müssen, wie man in der islamischen Welt das Gefühl des Ungerechtbehandeltwerdens, und das ist schon ein sehr langes Gefühl, das wirklich alle Schichten der Bevölkerung, von ganz arm bis ganz reich, erfaßt hat, wie man diese Gefühle politisch einbindet, und die Voraussetzung dafür ist eine Befriedung des Konflikts zwischen Israel und den Palästinensern, denn dieser Konflikt ist die Ursache der großen Verwerfung zwischen Orient und Okzident.«

Denn sonst gibt es zwischen dem Orient und dem Okzident keine großen Verwerfungen mehr, das einzige Problem, das sowohl die armen wie die reichen Moslems in Indonesien, Nigeria und Pakistan umtreibt, ist die Lage in Palästina, und wenn dieser Konflikt endlich gelöst ist, werden Konsumterror und der Terror des Amüsements die einzige Art von Terror sein, die übrigbleiben werden. Mit Willemsen vorneweg.

NICHT SCHULDIG:
MENSCHEN WIE DU UND ICH

Wenn der Krieg die Fortsetzung der Politik mit anderen Mitteln ist, dann ist die Friedensbewegung die Fortsetzung des deutschen Idealismus auf Kosten Dritter. Es geht nicht darum, den Krieg zu verhindern – dann hätten die deutschen Gewerkschaften, deren Mitglieder bei den Friedensdemos mitlaufen, längst alle Verträge mit der Rüstungsindustrie kündigen müssen –, es geht darum, selber verschont zu werden, während andere bluten dürfen. Man müsse sich keine allzu großen Sorgen um mögliche Terroranschläge machen, sagte Udo Steinbach vom Orient-Institut bei einem seiner vielen Fernsehauftritte. Wenn die Terroristen in Deutschland zuschlagen sollten, dann würden sie sich »amerikanische und israelische Ziele« in der Bundesrepublik aussuchen und deutsche Kernkraftwerke verschonen. Sollte das heißen: Es würde keine Unschuldigen treffen?

Am 20. Oktober veröffentlichten Hella und Reinhard Mey in einigen Tageszeitungen eine Anzeige mit folgendem Text: »Sie nennen es ›Kampf gegen den Terror‹, aber welche Worte sie auch wählen, um ihn uns schönzureden, es ist ein ganz gewöhnlicher, gemeiner Krieg. Laßt uns nicht

vergessen: Das bedeutet immer Not, Elend und Verder-
ben für Kinder, Frauen, Alte und Schwache. Das ist auch
Terror – gegen die Ärmsten der Armen, gegen hilflose er-
barmungswürdige Menschen.«

Neben ihrem eigenen Text hatten Hella und Reinhard
Mey, die sich bis dahin vom Elend der afghanischen Bevölkerung zu keinem öffentlichen Statement hinreißen
ließen, einen Vers von Matthias Claudius gesetzt:

»'s ist Krieg! 's ist Krieg! O Gottes Engel wehre
und rede Du darein!
's ist leider Krieg – und ich begehre
nicht schuld daran zu sein!«

Das war es, worauf es ankam. Hella und Reinhard Mey
begehrten, nicht schuld daran zu sein, daß das WTC platt-
gemacht wurde und daß die Amerikaner Bomben auf
Ziele in Afghanistan warfen. Als Unschuldige hofften sie,
nicht in die Kriegshandlungen verwickelt zu werden, sollte
es zu der befürchteten Eskalation kommen.
Wir wissen nicht, ob Osama bin Laden von der Anzeige
erfahren und, falls ja, wie er darauf reagiert hat. »Jungs«,
könnte er zu seinen Mitkämpfern gesagt haben, »die Meys
sind okay, achtet darauf, daß ihnen nichts passiert.«
Wir wissen auch nicht, wie Osama bin Laden reagiert
hätte, wenn er zu dem Vortrag von Theodor Ebert unter
dem Titel »Warum? Die Terroranschläge gegen die USA
aus pazifistischer Sicht – und ihre Folgen« in die Kurt
Tucholsky-Gedenkstätte in Rheinsberg eingeladen wor-

den wäre. Rheinsberg liegt ja ein bißchen weit weg von Kabul, und Theodor Ebert ist in Afghanistan noch unbekannter als Reinhard Mey. Aber in Berlin und Umgebung ist er weltberühmt: als Professor für Politische Wissenschaften am Otto-Suhr-Institut der Freien Universität und als Doyen der deutschen Friedensforschung.

Deswegen war der Saal in der Kurt Tucholsky-Gedenkstätte in Rheinsberg bis auf den letzten Platz gefüllt, als Professor Ebert am 25. September 2001 kurz vor 20 Uhr zu seinem Vortrag ansetzte. Er habe zusammen mit seiner Familie und Millionen von Deutschen im Fernsehen die Trauerfeier im Yankee-Stadium verfolgt, den Gebeten zugehört und dabei den Eindruck gehabt: »Nun macht Amerika sich wieder an die Arbeit, an die Verwirklichung des amerikanischen Traums, zu dem neben dem Streben nach Glück für die Amerikaner auch das Streben nach Gerechtigkeit und Menschenwürde für alle Bewohner dieser Erde gehört.«

Doch schon während der Trauerfeier habe ihn »das ungute Gefühl« beschlichen, es werde zugleich »der Angriff auf Afghanistan und den Irak vorbereitet«. Der Terrorismus, stellte Ebert klar, »läßt sich mit militärischen Mitteln nicht bekämpfen«, aber »wenn Jassir Arafat für die Opfer der Terroranschläge von New York demonstrativ Blut spendet, dann ist dies ein Schlag gegen den Terrorismus«. Jeder Vergeltungsschlag gegen den Terror habe bisher »neue Martyriumssüchtige auf den Plan« gerufen.

In einer solchen Situation sei es »die wichtigste Aufgabe, bei den potentiellen Attentätern die inneren Hemmungen gegen Selbstmordattentate zu stärken, statt diese see-

lischen Hemmungen mit dem großen Knüppel zu zer-
trümmern«.

Das leuchtete den Zuhörern ein. Beinah jeder kannte irgendwo im Familien- und Bekanntenkreis ein schwer er-
ziehbares Kind und wußte: Schlagen nutzt nichts, man
muß das Kind von innen her stärken, um seine destruk-
tiven Energien abzufangen. So was müßte auch bei den
Terroristen möglich sein.

»Es gibt nur die Möglichkeit«, fuhr Theodor Ebert fort,
»einseitig aus dem Reaktionsschema, Gewalt mit Gewalt
zu beantworten, auszusteigen. Man sollte dies bedingungslos und einseitig tun, indem man ankündigt, daß
man bei seiner gewaltfreien Strategie bleiben wird, egal,
was die andere Seite macht.« Mit dieser Strategie hätten
schon Gandhi und Nehru in Indien gegen die Engländer
gekämpft.
Statt diesem Beispiel zu folgen, haben »Senat und Ab-
geordnetenhaus dem Präsidenten eine Blankovollmacht
zum militärischen Angriff erteilt«, und die Europäer haben sich selbst »in eine schwierige Lage manövriert, weil
sie nicht besonnen und überlegt, sondern emotional und
wie Vasallen reagiert haben«.
Ebert machte eine kurze Pause, um den folgenden Sätzen
mehr Nachdruck zu verleihen. »Warum mußten sie einen
großen Anschlag von ausländischen Terroristen auf die
USA zum Verteidigungsfall für die Nato erklären? Warum sprach der deutsche Bundeskanzler sofort von Krieg
und erklärte seine uneingeschränkte Solidarität?«

Ebert mußte seine Fragen nicht beantworten. Das Wort »Vasallen« bebte noch im Raum. Und nach einem geopolitischen Exkurs über die Folgen der Destabilisierung durch militärische Interventionen kam er wieder im akuten Krisengebiet an. »Die meisten Menschen in Afghanistan wissen wahrscheinlich gar nicht genau, was in den USA passiert ist. Sie fürchten aber, daß die USA sie bombardieren werden.«

Da wiederholt sich was, so war es schon mal, in einem anderen Land. »Wer im Dritten Reich im Luftschutzkeller saß, der weiß, daß auch die Gegner des Hitlerregimes mit denjenigen, die ihre Häuser bombardierten, nicht sympathisieren konnten.«

Es war ein klarer, ruhiger Herbsttag in Rheinsberg. Vor der Kurt Tucholsky-Gedenkstätte lümmelten ein paar Jugendliche herum, die sich nicht entscheiden konnten, ob sie reingehen oder ihr Bier lieber draußen trinken wollten. Die amerikanischen Angriffe auf Afghanistan hatten noch nicht begonnen. Und der deutsche Friedensforscher Theodor Ebert sprach über den Krieg. Über den Krieg der Amerikaner gegen Deutschland vor über fünfzig Jahren. Die Afghanen waren nur das aktuelle Synonym für Deutsche.

»Die Afghanen brauchen keine Bomben. Sie brauchen Care-Pakete ... Sie haben sehr nachhaltig unser Amerika-Bild geprägt. Das Grundvertrauen von uns Schulkindern zu Amerika ging so weit, daß wir alles gegessen haben, was von dort kam, selbst wenn es etwas merkwürdig schmeckte und etwas schäumte, wie das weiße Zeug aus

Tuben, das nach Pfefferminze roch. Ich hatte noch nie Zahnpasta gesehen und dachte, daß man das auch essen könne. So proamerikanisch waren wir nach dem Kriege.«

Es ist möglich, daß der Verzehr von Zahnpasta erst viel später zu Dauerschäden führt. Es kann aber auch sein, daß Zahnpasta die Augen für Zusammenhänge öffnet, wie sie außer Theodor Ebert niemand zu sehen vermag.

»Wenn als Antwort auf die Attentate von New York und Washington nun Afghanistan bombardiert wird, ist dies auch ein Verbrechen an der Zivilbevölkerung. Woher wissen wir denn, daß diejenigen, die nun von den Taliban rekrutiert werden, freiwillig dabei sind? ... Wie viele Deutsche, die heute aufrechte Demokraten sind, haben als halbe Kinder noch auf die Nazis vertraut und an den Endsieg geglaubt? Günter Grass erinnert sich hier präzise. Und die meisten, welche die Taliban heute im Kampf gegen die USA mobilisieren, werden eine afghanische Version des Hitlerjungen Günter Grass sein.«

Das hat sich Theo Ebert nicht ganz richtig überlegt, denn das Argument könnte nach hinten losgehen. Die vielen Deutschen, die heute aufrechte Demokraten sind, haben nicht aus eigener Kraft den Glauben an den Endsieg verloren, sondern mußten in diese Einsicht gebombt werden. Für die pazifizierende Wirkung von Gewalt sind sowohl der ehemalige Hitlerjunge Günter Grass wie der Friedensforscher Theodor Ebert schöne Beispiele. Allerdings auch für Ressentiments, die jeden Kampf schadlos überleben.

»Terroranschläge sind Verbrechen, aber sie erfolgen nicht aus dem Blauen heraus, sondern sie sind immer auch Ausdruck für das Krisenhafte einer Situation. Kardinal Lehmann hat die Terrorakte als ›Angriff auf die menschliche Zivilisation‹ bezeichnet. Ich frage mich, ob man das World Trade Center und das Pentagon von vornherein als Symbole der menschlichen Zivilisation bezeichnen sollte. Große Passagiermaschinen, das World Trade Center und das Pentagon sind zunächst einmal Ausdrucksformen der Zivilisation der westlichen Industriegesellschaft ... An dieser ist einiges sehr fragwürdig, zum Beispiel der Waffenhandel und der Energieverbrauch mit fatalen Folgen für das Weltklima, ein Thema, auf das die Bush-Administration bekanntlich schwer ansprechbar ist.«

Und wer nicht hören will, der muß fühlen, der darf sich nicht wundern, wenn die Mahnung ein wenig heftig ausfällt, nachdem er die Rechnung lange nicht bezahlt und das Klimaabkommen von Kyoto ignoriert hat.
Ebert verurteilt die Attentate, zugleich glüht er vor Mitgefühl für die Attentäter.

»Das sind ganz furchtbare Verbrechen. Wen hat es da nicht alles getroffen! Die unschuldigen Passagiere in den Flugzeugen. Darunter sicher auch Kinder. 350 Feuerwehrleute, die ihren Dienst taten. Und auch das Leben jedes Bankers und Managers im World Trade Center ist ein unersetzliches Menschenleben ... Und es müßte ein Weg gefunden werden, die Terroristen und ihre Hintermänner mit jedem einzelnen Schicksal der Ermordeten zu konfrontieren, so intensiv, daß es ihm anfängt, leid zu tun, so wie es deutschen Schulkindern in der Seele leid getan hat, als sie das Tagebuch der Anne Frank lasen. Beim Lesen dieses Tagebuchs haben wir begriffen, ja erlebt, daß Juden Menschen sind wie du und ich und daß es ein ungeheures Verbrechen war, sie systematisch zu verfolgen und umzubringen.«

Wäre es nicht noch besser, den Terroristen und ihren Hintermännern gleich das Tagebuch der Anne Frank in die Hand zu drücken? Mit einem erklärenden Hinweis darauf, was für eine heilende Wirkung es auf die deutschen Leser gehabt hat? Eberts fürsorglicher Umgang mit den Terroristen bekommt retrospektiv eine sinnstiftende Logik. Er meint, mal wieder, die Deutschen nach 1945.

»Welchen Sinn hätte es gehabt, wenn irgendein mächtiges Land die Ermordung der Juden an den Deutschen gerächt hätte? Wir hätten unsere Schuld wahrscheinlich nicht begriffen.«

Deswegen wünscht sich der Friedensforscher Ebert, daß die Terroristen und ihre Hintermänner ungestraft davonkommen, während er den Amerikanern zuruft, sie »sollten es bei der Trauerfeier von New York belassen und auf einen Rachefeldzug gegen Afghanistan oder andere angebliche Schurkenstaaten verzichten«.

Sonst noch was, das der deutsche Friedensguru den dummen Amis mit auf den Weg gibt? Ja, dieses: »Natürlich sollte weiteren Attentaten auch durch Vorsichtsmaßnahmen vorgebeugt werden, aber der Schwerpunkt der Anstrengungen sollte auf dem Gebiet des Strebens nach mehr sozialer Gerechtigkeit liegen.«

Gerechtigkeit für alle. Und eine Erstausgabe des Tagebuchs von Anne Frank für Osama bin Laden, mit einer Widmung von Professor Theodor Ebert vom Otto-Suhr-Institut der Freien Universität Berlin:
»Banker sind auch Menschen – wie du und ich.«

GEGEN DIE KAPITALISTISCHE ARROGANZ:
WER HAT DEN SCHWARZEN PETER?

Im Grünen Salon von Erich Böhme und Heinz Eggert sitzt Friedrich Schorlemmer und wird gleich viermal vernommen: als Pazifist, SPD-Mitglied, Theologe und Friedenspreisträger. Das Schöne an Schorlemmer ist, man weiß immer im voraus, was er sagen wird, und freut sich dann, daß man sich nicht getäuscht hat. Seit er vor vielen Jahren in der DDR ein rostiges Schwert zu einer Pflugschar umgebogen hat, gilt er als Experte für die gewaltfreie Lösung von Konflikten und mischt deswegen überall mit, wo Gewalt exerziert wird, als Theologe, als SPD-Mann, als Friedenspreisträger, vor allem aber als militanter Pazifist.

»Ich hab geglaubt, die Amerikaner würden einen längeren Atem haben und Wege suchen, die Terroristen und ihre Hintermänner dingfest zu machen. Was jetzt passiert, ist, daß ein ganzes Land kaputtgehauen wird.«

Ob es denn einen gerechten Krieg geben könne, will Erich Böhme wissen. Nein, sagt Schorlemmer, »es gibt nur einen gerechten Frieden, aber keinen gerechten Krieg«. Er verstehe nicht, »daß die Amerikaner nicht genügend

berücksichtigen, was sie in den islamischen Staaten aus-
lösen werden«. Osama bin Laden werde zu einem Märtyrer gemacht, »zu einem Volkshelden der Islamisten«.
Statt dessen müsse man »alles dafür tun, daß auch die
Muslime sagen, wir kämpfen im Namen des Islam gegen
den Terrorismus und nicht umgekehrt«.

Das Problem der Islamisten ist offenbar, daß sie keinen
haben, der ihnen zeigt, wie man aus Kalaschnikows Kick-
boards macht, mit denen sie dann die Terroristen aus
dem Land jagen könnten. Auch die Amis sind dazu nicht
in der Lage.

»Sind Sie Antiamerikaner oder sind Sie es in den letzten
drei Wochen geworden?« fragt Erich Böhme.
»Ich war noch nie Antiamerikaner, aber in den letzten
vier Wochen ist mir der amerikanische Präsident nicht
sympathischer geworden ... Der weiß sich phantastisch zu
tarnen mit seiner sanften Stimme, es ist schon richtig dä-
monisch, was der macht.« Was früher »unverbrüchliche
Freundschaft« mit der Sowjetunion hieß, das heißt heute
»uneingeschränkte Solidarität mit dem amerikanischen
Volk«; Schröder verkörpert die »Arroganz der Macht, die
nicht zulassen will, daß man in der Demokratie Fragen
stellt«.
Böhme sagt: »Wir werden auch nicht informiert, wir kriegen eine Postkarte aus Washington: Wir haben wieder
gebombt.«
»Was man uns als grüne Suppe angeboten hat, war eine
Beleidigung!« ruft Schorlemmer empört aus.

Heinz Eggert möchte es genauer wissen: »Sagen Sie ganz konkret, was wollen Sie tun?«

Schorlemmer hat einen Plan, und er zögert nicht, ihn vorzulegen:

»Dieser Terrorismus hat einen Nährboden, und der Nährboden ist die Ungerechtigkeit, das heißt, wir müssen weltwirtschaftlich langfristig für gerechtere Strukturen sorgen. Zweitens muß dringend das Problem zwischen Israel und Palästina gelöst werden, da müssen die Amerikaner wieder aktiv werden. Und dann müssen die Demütigungen der Menschen den Dritte-Welt-Ländern, auch den muslimischen Ländern gegenüber durch die westliche Arroganz, durch unsere arrogante Kultur abgebaut werden. Wir müssen zwischen Islamismus und Islam strenger unterscheiden, Differenzierung ist jetzt angesagt, und Differenzierung kann zerbombt werden, und dagegen wende ich mich.«

Und dann? Was soll geschehen, wenn endlich weltweit gerechte Strukturen hergestellt worden sind, das Problem zwischen Israel und Palästina gelöst worden ist und die Demütigungen der Menschen in der Dritten Welt durch unsere arrogante Kultur aufgehört haben? Was fängt Schorlemmer mit dem Rest des Tages an?

»Wir müssen beim Kampf gegen den Terror aufpassen, daß unser Gegenterror, also unsere Gegenmaßnahmen, nicht wieder Terror produzieren ... Wie kriegen wir die Schuldigen, ohne daß wir die anderen mittöten, sind denn Tausende Zivilisten in anderen Ländern weniger wert als die Tausende, die dort in den beiden Türmen ihr Leben gelassen haben? Diese Minderbewertung anderer Toter, gegen die hab ich was grundsätzlich ...«

Außerdem hat er was dagegen, daß Muslime mit Terroristen gleichgesetzt werden.

»Ich kenne Muslime auch aus der Vergangenheit, wo es die großartige muslimische Kultur im Süden Spaniens gab ..., das gehört zu unserem Kulturgut ...«

Wie das Schwert zur Pflugschar, sozusagen. In einem Gespräch mit *Spiegel online* eine Woche zuvor kommentierte »der frühere Bürgerrechtler aus Wittenberg« die Attacken der Amerikaner und der Briten mit den biblischen Worten: »Sie wissen nicht, was sie tun«, und sagte, er »habe eine Wahnsinnsangst« angesichts der Existenz von atomaren Waffen.

Schorlemmer hatte also keine Angst, einem Terroranschlag zum Opfer zu fallen – welcher Terrorist weiß schon, wo Wittenberg liegt? –, er fürchtete sich vor einem möglichen Atomschlag, dessen Fallout auch ihn kontaminieren könnte. Dabei hätte er eigentlich wissen müssen, daß sowohl Indien wie Pakistan seit langem über Atomwaffen verfügen, mit denen sie sich gegenseitig bedrohen. So galt Schorlemmers Sorge, daß »der Gegenterror ... nicht wieder Terror« produziert, vor allem seiner eigenen Sicherheit. Auch einem friedensbewegten Theologen ist das eigene Hemd näher als die Jacke eines Bankers in New York, der das Pech hatte, zur falschen Zeit am falschen Ort zu sein. Bad luck.

Die Warnungen vor einer »Eskalation der Gewalt«, vor einem möglichen Dritten Weltkrieg, der diesmal nicht, wie erwartet, in Palästina, sondern zwischen Kabul und Kandahar beginnen würde, die hysterischen Forderungen, umgehend eine gerechte Weltwirtschaftsordnung herzustellen und mit den Demütigungen der Dritten Welt aufzuhören, die Aufrufe, sich endlich den Ursachen (Armut!) zuzuwenden, statt die Symptome (Terrorismus!) zu bekämpfen – all das hatte mit dem 11. September nur insofern zu tun, als die Terroranschläge deutsche Urängste aktiviert hatten, die sich nun frei entfalten konnten. Nachdem ich in einem Text für *Spiegel online* die Frage gestellt hatte, wie denn die deutsche Öffentlichkeit reagiert hätte, wenn ein Flugzeug, von Terroristen gesteuert, in ein Hochhaus am Potsdamer Platz gerast wäre, bekam ich einen Anruf aus der Chefetage eines großen Unternehmens am Potsdamer Platz, wie ich die Wahrscheinlichkeit eines solchen Anschlags einschätzen und ob ich empfehlen würde, das Hochhaus schon mal vorsorglich zu evakuieren.

Wer immer sich zu den Ursachen und Folgen der Anschläge äußerte, von Eugen Drewermann und Reinhard Mey bis Roger Willemsen und Friedrich Schorlemmer, artikulierte nur seine Befindlichkeit, die Angst, in diesem Konflikt die Unschuld zu verlieren. Klaus Staeck, das collagierte Gewissen der Nation, erklärte »die anhaltende Erregung« über die Anschläge mit dem Umstand, daß »der Terror nun endgültig in unseren Vorgärten angekommen ist«. Trotzdem habe er sich geweigert, »Selbstzensur« zu betreiben:

»Natürlich habe ich am 11. September überlegt, ob ich mein Bush-Plakat ›Visit America – Home of the Climate

Killers‹ angesichts der schrecklichen Bilder aus New York vorerst zurückziehen müßte. Greenpeace ließ es während der letzten Weltklimakonferenz in Bonn an Litfaßsäulen anschlagen. Aber ist die Aussage durch den Bombenterror falsch geworden? Davon kann keine Rede sein. Deshalb kein Rückzieher.«

Staeck (»Kunst ist Sand im Getriebe«) zog das Bush-Plakat nicht zurück. Es war sein Beitrag zur »Verteidigung der bürgerlichen Freiheiten gegen den Feuereifer der Sicherheitsfundamentalisten in allen politischen Lagern«. Denn: »Wir leben weder im Krieg, noch führen wir einen Kreuzzug gegen das sogenannte Böse. Folglich gilt in Deutschland auch kein Kriegsrecht.«
Nein, wir entwerfen weiter Plakate im virtuellen Klassenkampf, streuen Sand ins Getriebe und reden über das sogenannte Böse wie über eine Folklore-Truppe, deren wilde Tänze wir uns aus sicherer Entfernung ansehen, damit die Gänseblümchen in unserem Vorgarten keinen Schaden nehmen. Nebenbei suchen wir nach »Antworten zu einer gerechten Weltwirtschaftsordnung, zu den trüben Quellen religiös motivierter Attentäter, zu den Folgen einer immer hemmungsloser agierenden neoliberalen Machtideologie«. Und damit, sagt Staeck, »ist der Schwarze Peter wieder bei uns«. Es wird also bald wieder ein neues Poster von Klaus Staeck geben.

Und wahrscheinlich auch ein neues Buch von Horst Eberhard Richter, in dem er darlegt, wie man »dem unerbittlichen Haß in Teilen der islamischen Welt«, der zu den

Attentaten vom 11. September führte, begegnen könnte. Auf keinen Fall mit Militäraktionen, denn die sind »weder das richtige Mittel, noch sind sie gerechtfertigt«, sagte Richter in einem therapeutischen Gespräch mit dem online-Dienst der *Süddeutschen Zeitung*. Wie sollte der Haß dann bekämpft werden?

»Langfristig könnte er nur dadurch verhütet oder ausgeschaltet werden, indem man eine gerechtere Welt schafft: in der die Staaten einander ebenbürtig und gleichberechtigt sind.«

Auch Richter sieht den Schwarzen Peter bei uns. Die westliche Zivilisation, sagt er, »leidet unter anderem an einer arroganten Unkenntnis über die seelische Verfassung der arabischen Staaten. Der Westen hat keine Vorstellung von dem Gefühl der Erniedrigung, das eine große Mehrheit der Weltbevölkerung durchlebt.«

Woher hat der Gießener Psychoanalytiker sein Wissen über die seelische Verfassung der arabischen Staaten und vom Gefühl der Erniedrigung, das der großen Mehrheit der Weltbevölkerung das Leben vergällt? Hat er mal einen arabischen Staat als Patienten gehabt oder in Kairo, Peschawar oder Riad praktiziert? Hat er nicht. Alles, was Richter braucht, um über die seelische Verfassung der Erniedrigten reden zu können, ist seine eigene Erinnerung.

»Ich selbst habe als junger Mann erlebt, wie die Städtebombardements der Alliierten damals Hitler geholfen haben, länger durchzuhalten – als sich in der Bevölkerung bereits erheblicher Unmut regte.« Deswegen hätte er den amerikanischen Präsidenten gerne davor gewarnt, »die Verbitterung in der arabischen Welt durch Bomben anzufachen«.

Ebenso wie der Friedensforscher Ebert spricht auch Richter von den Arabern, meint aber die Deutschen, die von den Alliierten grundlos bombardiert wurden. Sicher, hätten die Amis und die Briten damals nur zehn oder zwanzig Jahre gewartet und in dieser Zeit für eine »gerechtere Welt« gesorgt, wäre der »Unmut« der Deutschen über die Nazis so angeschwollen, daß sie das braune Pack ganz aus eigener Kraft abgeschüttelt hätten.

Erstaunlich an solchen Überlegungen ist nicht nur, wie sehr die eigene Lebenserfahrung das Urteilsvermögen trübt und historische Revision betreibt, noch erstaunlicher ist, mit welcher Selbstverständlichkeit die ganze Welt vor den Karren eines deutschen Problems gespannt wird.

Als gäbe es irgendwo eine zentrale Sprachregelungsstelle, reden plötzlich alle denselben Text, von Eugen Drewermann bis Ulrike Folkerts: »Ich finde Krieg scheiße, weil Krieg hat noch nie etwas gebracht.«

Die Staats-Schauspielerin und Brecht-Schülerin Käthe Reichel, die sich auch gedemütigt und erniedrigt fühlt, seit es die DDR nicht mehr gibt, hat auf der großen Friedensdemo auf dem Gendarmenmarkt am 13. Oktober eine flammende Rede gehalten, in der sie von einem »demokratischen Auschwitz« in Afghanistan sprach. Kurz darauf

trat sie auf einem Kongreß der Globalisierungsgegner auf –
als Mutter Courage in der Etappe der Friedensbewegung:

»Die neue ›Weltordnung‹, der ›globalisierte Markt‹, sind
hilfreiche Naturgesetze, von Gott gewollt, von Gott diktiert
für zwei Milliarden immerfort Hungernde, die aber jetzt
erlöst werden müssen in ein – wohlgemerkt! – demokra
tisches Auschwitz in Freiheit ohne Stacheldraht, wo sie
frei zwischen Minen selbst die Päckchen für ihre letzte
Mahlzeit suchen können.«

So sind die Alliierten nicht nur im Begriff, wieder ein un-
schuldiges Volk abzustrafen, sie richten aus der Luft ein
»demokratisches Auschwitz« ein, was die gedemütigten
und erniedrigten deutschen Seelen zwar empört, aber
auch ein wenig tröstet, denn nun stehen sie mit dieser
Untat in der Weltgeschichte nicht allein da.

Und weil sie wissen, wie es ist, wenn man angegriffen
wird, können sie Partei ergreifen. »Ich könnte jeden Tag
über dieses schöne, stolze Volk weinen, das jetzt Opfer
eines solchen Genozids wird«, sagt der Modemacher
Wolfgang Joop. Und: »Ich finde es verantwortungslos von
Herrn Schröder, uneingeschränkte Solidarität mit Amerika zu fordern.«

Auch Joop, Vielfachmillionär und Prototyp des globalisierten Deutschen mit Wohnsitzen in Potsdam, Monte Carlo
und New York, hat nach dem 11. September angefangen,
die »Selbstherrlichkeit« und die »Arroganz« der USA zu
hinterfragen.

»Die Proteste gegen die Globalisierung waren ja eigentlich Proteste gegen eine weltweite Amerikanisierung. Ich bedaure nicht, daß das Symbol der Twin Towers nicht mehr steht, weil sie kapitalistische Arroganz symbolisierten. Aber natürlich bin ich gegen jede Art von Mord, Gewalt, Terror und Zerstörung«, sagte Joop dem Wiener Nachrichtenmagazin *profil* vom 15. Oktober.

Natürlich bin ich gegen jede Art von Zensur, Ausgrenzung, Kontrolle und Diskriminierung. Aber bei einem wie Joop könnte ein kurzer Einsatz in einem nordkoreanischen Arbeitslager zur Wiederherstellung der Sinne nützlich sein. Mit der anschließenden Auflage, sich nur noch über Muster, Rocklängen und Farben zu äußern statt über Täter, Taten und Motive.

»Auch wenn wir die Taten verdammen, sollten wir die Motive analysieren. Was für uns irrational erscheint, ist für andere real. Die Bush-Politik hat die Aufbauarbeit, die Clinton im Palästina-Konflikt geleistet hatte, nicht weiter verfolgt. Gleichzeitig ließ man Israel uneingeschränkte Unterstützung zuteil werden. Die arabische Welt war durch dieses Ungleichgewicht tief in ihrer Männlichkeit und Existenz verletzt.«

Seit man an jeder Ecke die Bücher von Petra Kelly, Ruth Westheimer und Alice Schwarzer bekommen kann, wissen auch alle, wozu verletzte Männlichkeit in der Lage ist, welche Verwüstungen sie anrichten kann. Auch Wolfgang Joop hat sich da sachkundig gemacht.

»Wenn sich arabische Männer gedemütigt fühlen, verwandeln sie sich zu Killermaschinen, zu Rächern im Namen des Propheten. Zuerst haben sie ihre Rache auf die eigenen Frauen gerichtet. Sie haben sie verhöhnt und ins Mittelalter zurückgestoßen. Dann sind sie zur globalen Rache geschritten und haben mit der Zerstörung der phallischen Symbole des WTC einen Auftakt gesetzt. Der 11. September ist ein Resultat männlichen Frusts, die Religion dient für diesen Krieg nur als Vorwand. Es fehlt nicht viel, und dann wird Bushs Krieg auch noch heilig.«

Es fehlt nicht viel und Wolfgang Joop wird von den Taliban eingeladen, für sie neue Kleider zu entwerfen. Nebenbei könnte er auf der Volkshochschule von Kabul Vorträge halten über den Zusammenhang von gekränkter Männlichkeit und Frauenfeindlichkeit, speziell darüber, warum die durch den Palästina-Konflikt tief verletzte arabische Männerwelt gar nicht anders konnte, als ihre Frauen ins Mittelalter zurückzustoßen. Womit auch noch deutlich wird, wie dringlich die Lösung des Palästina-Konflikts ist, wenn die Emanzipation der Frauen in der arabischen Welt kein unvollendetes Projekt bleiben soll.

Joop sagt auf seine bunte Art das gleiche wie der Friedensforscher Ebert, wenn dieser die Terroristen und ihre Hintermänner wie verbohrte Skins aus der Uckermark therapieren möchte. Daß er nicht etwa falsch zitiert oder mißverstanden wurde, machte der Designer am gleichen Tag, dem 15. Oktober, in der *BILD*-Zeitung klar. »Der 11. September hat einen Lernprozeß in Gang gesetzt. Dabei sind die Twin Towers als Symbol für die kapitalistische Arroganz gefallen. Ich bin aber natürlich gegen Gewalt, Mord und Terror.«

Die Twin Towers, das Symbol für kapitalistische Arroganz, sind einfach umgefallen, ohne Gewalteinwirkung; es gab keine terroristische Aktion, keinen Massenmord, nur einen überschaubaren Sachschaden, sonst nichts.

Dann besuchte Joop eine Party mit vielen Promis, küßte und herzte seine Freunde im Raum und machte sich wieder auf den Weg nach Monte Carlo, ein wandelndes Symbol der kapitalistischen Demut, immer offen für neue Lernprozesse im Kampf gegen die Arroganz und natürlich auch gegen Gewalt, Mord und Terror.

EIN SCHLAG INS KONTOR:
DIE AMOKLÄUFER DER NOTWEHR

Von wegen: nichts ist mehr so, wie es einmal war: In Soltau findet ein Wettbewerb im Pfahlsitzen statt, der Sieger bekommt am Ende 30.000 DM. Die Illustrierte *Max* präsentiert »die Brust der Jenny Elvers«, entblößt und fotografiert in New York nach dem Big Bang. Sat 1 zeigt die vierte Folge der Natalie-Serie – »Das Leben nach dem Babystrich«, im RTL läuft die Dokumentation »Einmal Jenseits und zurück«, über Menschen, die klinisch bereits tot waren.

Auf der großen Brache neben dem Brandenburger Tor fangen wieder einmal »vorbereitende Bauarbeiten« für das Holocaust-Mahnmal an. Bundestagspräsident Thierse steuert eigenhändig einen Bagger über das Feld.

Am selben Tag berichtet der *Tagesspiegel* von einem Gottesdienst für die Angehörigen der Opfer »direkt am Trümmerfeld« der Twin Towers und zeigt ein Foto von Hillary Clinton, die eine weinende Frau tröstet. Die Bildunterschrift lautet: DIE TRAUER NIMMT KEIN ENDE.

Nach sieben Wochen könnten die New Yorker allmählich mit der Trauer Schluß machen und anfangen, sich Gedanken darüber zu machen, warum es sie so schwer erwischt hat.

»Die USA sind eine imperialistische Macht, da ist es klar, daß so etwas kommen würde«, sagt der Berliner Kabarettist Dr. Seltsam. Er trauert nicht, er ist sauer. »In Deutschland ist man zu 98 Prozent sicher vor solch einem Attentat. Aber wenn Schily vorschlägt, daß Fingerabdrücke gespeichert werden, betrifft das die Leute hier.«

Einer, der die Fassung nach dem 11. September überhaupt nicht verloren hatte, war Wiglaf Droste, der bei der *taz* die Abteilung »finaler Humor« betreut. Kaum hatte er von dem Anschlag gehört, war ihm gleich klar, wer dahinter steckte. »Rudolf Scharping hatte die USA angreifen lassen, um von seiner lausigen Affäre abzulenken«, witzelte er in der *taz* am 13. September. Das einzige, was ihn wirklich aufregte, waren die Berichte über die Katastrophe. »Es war ... das Langweiligste, Dümmste, Distanzloseste und Penetranteste, das ich je im Fernsehen sah.«
Einen Tag später, am 14. September, setzte er sich mit dem Satz von Peter Struck »Heute sind wir alle Amerikaner« so auseinander, als hätte »der glücklose Zuchtmeister der SPD« seine Hände im Blut von Unfallopfern gewälzt. »Struck war nicht der einzige, der sich aufführte, als sei die Friseuse Diana Spencer in Paris ein zweites Mal getunnelt worden.«
Während in New York gleich ein paar tausend getunnelt wurden, behielt Droste den klaren Überblick, stellte die richtigen Fragen und gab die passenden Antworten.

»Was ist Zivilisation? Wer repräsentiert sie? George Bush, dem die rechte Hand vom Unterzeichnen von Todesurteilen lahmt? Die Schläge gegen das World Trade Center, das Pentagon und das Weiße Haus verhelfen Bush zur Gelegenheit seines Lebens. Eine Knallcharge darf sich als Führer der freien Welt aufspielen und keiner lacht. So gesehen war die Attacke der USA ein echter Schlag ins Kontor.«

Ähnlich cool und gelassen kommentierte Roger Willemsen, das Feigenblatt der kritisch Angepaßten, den Anschlag »auf das Symbol der Trennung von Arm und Reich, von kostbaren amerikanischen Toten und belanglosen anderen«. Willemsen, der die Trennung von Arm und Reich für sich dadurch aufgehoben hat, daß er seine Filme selbst produziert und dadurch sowohl die Handlungsunkosten wie den Produzentengewinn einsacken kann, hatte schon am 7. September, also vor dem Anschlag, in der *Woche* ohne aktuellen Anlaß über den »Antiamerikanismus« nachgedacht und eine Anzahl guter Gründe für den seltsamen »Ismus« aufgelistet:

»Der Weltraum wird hochgerüstet, das Klima zerstört, Naturschutz abgebaut, Völkerrecht gebrochen, Todesstrafe vollstreckt, Schuldenbegleichung gestrichen – und das von einem Präsidenten mit sichtbaren Schwierigkeiten beim Reden und Denken.«

Der »Antiamerikanismus«, so Willemsen in einem logisch kühnen Manöver, sei aber trotzdem »eine Erfindung der Amerikaner und ihr Versuch, das Diagnostische in den Rang einer Ideologie zu heben«. Bald könnte jemand seinem Beispiel folgen und erklären, der Antisemitismus sei nur ein Versuch der Juden, eine Diagnose ihres Sündenregisters (»Zinswucherer, Brunnenvergifter«) als Ideologie abzutun.

Wie die meisten Friedensfreunde genoß Willemsen die Gelegenheit, sich so nah wie möglich an den Krieg heranzurobben. Entsprechend dem Satz von G. B. Shaw »In terms of fun nothing comes close to war«, kommentierte er das Geschehen an der Front jede Woche in der *Woche* und führte im Wechsel mit Droste und anderen Etappenhasen »das Kriegstagebuch der *taz*«. Er stellte fest, einerseits seien Osama bin Ladens »repressive Vorstellungen von Frauenrechten und zivilem Leben gewaltsam und rückwärts gewandt«, andererseits sei »unsere Leitkultur« auch nicht viel besser, weil »auf der Seite des Westens in diesem Krieg keine einzige Frau eine bedeutende Rolle spielt«.

Zwischen zwei Einsätzen beschwerte er sich darüber, daß »kritische Stimmen aus dem Ausland importiert« werden müssen und »Feuilleton-Landser wie Henryk M. Broder und Reinhard Mohr die Publizistik kontaminieren«.

Willemsen dagegen befruchtete die laufende Debatte, indem er darauf hinwies, die USA hätten mit ihrer Politik »eine Situation geschaffen ..., der gegenüber Osama bin Laden ›Notwehr‹ für sich in Anspruch nehmen konnte«; die »Haltung« des US-Präsidenten sei es, »die den Amok der Notwehr provoziert«.

Die wahren Amokläufer standen aber nicht unter dem Befehl von Bin Laden, sie meldeten sich freiwillig zum Einsatz und kletterten auf eigenes Risiko jeden Idiotenhügel hoch, der noch nicht von anderen besetzt war, um ihre Wut in die Welt zu schreien. »Alle Menschen sind gleich. Aber erleben wir ein Massaker an Afrikanern oder Arabern als die gleiche Katastrophe wie ein Massaker an Europäern oder US-Amerikanern?« fragte schon am 14. September, also am Tag drei nach dem Malheur, eine Radio-Kommentatorin, die in den Brauhäusern rund um den Kölner Dom als eine tüchtige Klassenkämpferin bekannt ist, die Hörer des WDR. »Der Umfang und die Heftigkeit der Anschläge gegen die USA mögen überraschend gewesen sein, doch überrascht es auch, daß die USA in diesen Zeiten das Opfer von gewalttätigen Attacken wird?«

Nicht wirklich. Zumindest nicht die WDR-Mitarbeiterin. Denn sie kennt sich nicht nur in der Altstadt, in der Südstadt und in Nippes aus, sie weiß auch, was außerhalb von Köln los und wer dafür verantwortlich ist.

»Muß es uns wundern, daß in den durch Kriege und Armut und Umweltzerstörung verwüsteten Teilen der Erde nach einfachen Lösungen gerufen wird, nach Rache? Wollen wir nicht begreifen, daß der Terror nicht nur eine bösartige, sondern auch eine verzweifelte Antwort auf die Aufteilung der Welt in Arm und Reich, in Sklaven und Herrscher ist? ... Und überall mischen die USA mit – selbstlegitimiert durch die vermeintliche Verteidigung der Freiheit, aber in Wahrheit immer auf der Seite des Geldes und besessen von der Durchsetzung des eigenen Werte- und Wirtschaftssystems. Die Verbrechen der Macht stehen in nichts den Verbrechen der Ohnmacht nach.«

Macht und Ohnmacht, Gewalt und Gegengewalt – hatte nicht schon Frantz Fanon vorausgesagt, daß die Verdammten dieser Erde sich eines Tages erheben und ihre Unterdrücker hinwegfegen würden? Und daß es bei diesem Kampf nicht zimperlich zugehen wird? So nahm auch die militante WDR-Gabi Zuflucht zu der Erkenntnis, »daß das World Trade Center und das Pentagon nicht nur für Tausende von unschuldigen Opfern, sondern auch für Tausende von Tätern stehen, die Kriege inszenieren, Waffen verkaufen und Hungersnöte in Kauf nehmen, wenn es den Börsenkursen dient ...«

Es hat also, wie immer, Schuldige und Unschuldige erwischt, und im übrigen habe sich nur »die Silhouette von New York verändert. Ansonsten ist die Welt die gleiche geblieben. Überall Probleme, für die niemand eine Lösung hat oder auch nur zu haben vorgibt. Dieselben Kriege, derselbe Hunger, dieselbe Hoffnungslosigkeit ...«

Und nur ein paar Unerschrockene wagen es, die Zusammenhänge aufzudecken und Stellung zu beziehen:

»Ich stehe, trotz aller Beschwörungen der Anständigen, nicht auf der Seite von Amerika und ich empfinde die grausamen Terroranschläge auch nicht als einen Anschlag auf mein moralisches Wertesystem. Ich halte die USA nicht für eine Demokratie und ihre Regierung nicht für eine Hüterin der Menschenrechte, nicht für moralisch legitimiert, moralische Urteile zu fällen.«

Ganz im Gegensatz zu der Kommentatorin, die noch über ein intaktes moralisches Wertesystem verfügt, das weder vom Krieg noch vom Karneval angekratzt wurde.

Ihr Kommentar vom 14. September sorgte für einige Auf-

regung, innerhalb und außerhalb des WDR. »Über 80%
der Reaktionen waren zustimmend«, sagte der Intendant
Fritz Pleitgen.

Käme Osama bin Laden jemals vor ein Gericht, er könnte
sein Plädoyer aus den Wortmeldungen seiner deutschen
Verteidiger kompilieren. Willemsens Überlegungen zur
Notwehr, Wickerts verquaste Gleichsetzung des Terroristen mit George W. Bush (»Gleiche Denkstrukturen«), der
WDR-Kommentar über schuldige und unschuldige Opfer,
Günter Gaus' Aufschrei »Rache als Raison d'être – So
dünn also ist die Glasur der Zivilisation«, womit der ehemalige Diplomat und Dressurreiter nicht die Anschläge,
sondern mögliche Vergeltungsschläge meinte. Bin Laden
könnte sich auch auf ein paar Fürsprecher aus der politisch neutralen Schweiz berufen, einem Land, das sich
seit Generationen dem Kampf für soziale und globale
Gerechtigkeit verschrieben hat. So sagte zum Beispiel der
Schweizer Schriftsteller und Kapitalismus-Kritiker Thomas Hürlimann in einem Gespräch mit einem deutschen
Radio-Sender:

»Die erste Welt, die kapitalistische Welt, hat die Dritte
Welt in einer Weise ausgebeutet, daß man sich nicht so
sehr wundern sollte, wenn da eines Tages die Leute sagen: ›Wir können nicht mehr, wir wollen nicht mehr, wir
haben auch nichts mehr zu verlieren‹, und anfangen,
zurückzuschlagen. Das, was als Kulturimperialismus sich
der Westen auch geleistet hat, das Überschwemmen der
ganzen Welt mit Cola-Dosen, das mußte irgendwann

auch zu Gegenreaktionen führen ... Jetzt ist der Krieg sichtbar geworden, jetzt ist er ins Bild geraten, auf die Fernsehschirme, aber das ist ein Kampf zwischen Kulturen, zwischen einer Ersten und einer Dritten Welt, der schon lange stattfindet und schon lange seine Opfer fordert. Mit dem Fall der beiden Türme ist da etwas ins Weltbewußtsein gerückt, das es schon sehr viel länger gab. Denken Sie nur an die Katastrophen, die den afrikanischen Kontinent heimsuchten.«

Wenn das alles so ist, wie Hürlimann es beschreibt, wie viele gute Gründe gäbe es, die Bahnhofstraße in Zürich plattzumachen? Schweizer Waffen, Schweizer Swatch-Uhren, Schweizer Armee-Messer und die Produkte der Firma Nestlé, die nicht immer ganz so bekömmlich sind, wie sie in der Werbung dargestellt werden. Aber Imperialisten, das sind immer die anderen, und Cola-Dosen sind das letzte, was ein kultivierter Schweizer neben einem Teller mit Röschti dulden würde.

Hürlimanns jüngerer Landsmann Christian Kracht, der aus Solidarität mit der Dritten Welt in Bangkog lebt und seinen Porsche schon mal mit Champagner abwäscht, bewundert den Taliban-Führer Mullah Omar (»Ich erweise ihm Respekt, weil die Taliban ... wirklich *camp* sind«) und wünscht sich »ein radikales, islamisches Bilderverbot«, um nie mehr Goldie Hawn im Fernsehen sehen zu müssen. »Ich würde gerne Goldie Hawn ein bißchen unterdrücken.«

Ein paar Tage, nachdem Kracht in der Sonntagsausgabe der *FAZ* zu Wort gekommen war, saß er bei Harald

Schmidt auf dem Gästestuhl, wippte mit seinen maß-
gearbeiteten Schuhen und war ganz *camp,* »ein junger
Mann mit Stil« (Schmidt), der die totalitäre Männerwelt
der Taliban ebenso verehrt, wie er die westliche Dekadenz
verachtet: »Wo ist der Anstand geblieben? Wo sind die
Manieren geblieben?«

Sie werden von militanten Moralisten wie Droste und
Willemsen, Wickert und Gaus, Hürlimann und Kracht
aufrechterhalten. Und korporativ vom Verband deutscher
Schriftsteller, der immerhin 4.000 Mitglieder zählt, die
nicht alle schreiben, aber ihre Beiträge bezahlen.

Der VS/Bezirk Köln hat »zu den Ereignissen vom 11. September 2001« eine Erklärung abgegeben, die im Mahl-
strom der Zeit nicht untergehen sollte. Wer in zehn oder
zwanzig Jahren wissen möchte, wie deutsche Schriftsteller auf einen Massenmord reagieren, sollte auf diese
Erklärung zurückgreifen können. Hier die wichtigsten
Passagen:

»Wir verurteilen die verbrecherischen Anschläge in Washington und New York und sprechen den Familien der
Opfer unser tiefes Mitgefühl aus. Tausende Unschuldige
und Unbeteiligte sind durch diese gegen die amerikanische Nahost-Politik gerichtete Terror-Aktion in den Tod
gerissen worden ... Wir warnen davor, die Begriffe ›Krieg‹
und ›Terrorismus‹ miteinander zu verwechseln, wie es in
Erklärungen führender deutscher Politiker geschehen ist.
Wir protestieren entschieden gegen den NATO-Beschluss,
die Anschläge in den USA als ›Bündnisfall‹ zu behandeln, der die militärische Unterstützung der Bundesrepu-

blik erfordert. Krieg gegen Afghanistan oder große Teile der islamischen Welt ist nicht die richtige Antwort auf die Terror-Aktion einiger fanatisierter Gruppen, deren nationale und politische Herkunft bislang nicht einmal eindeutig festgestellt werden konnte. Wir warnen weiterhin vor einer Ausbreitung antiislamischer Emotionen in der Bundesrepublik, die die meisten unserer muslimischen Mitbürger zu Unrecht treffen und den Integrationsprozeß empfindlich behindern würden. Dasselbe gilt auch für eine Verschärfung des aus unserer Sicht ohnehin problematischen SPD-Entwurfs über das Zuwanderungsgesetz ... Wir fordern alle Politiker, aber auch die Verantwortlichen in den Medien und in den Schulen dazu auf, keine Feindbilder zu entwerfen, sondern nach Ursachen zu forschen. Dazu gehört neben kritischer Analyse der Nahost-Politik der reichen Industrienationen vor allem eine konstruktive Auseinandersetzung mit dem Islam, der als kulturelle Größe bisher weitgehend negiert wird. Islam ist nicht gleichbedeutend mit Terror und Fundamentalismus. Gerade die sogenannte ›zivilisierte‹ Welt hat einen Großteil ihrer ›Zivilisation‹ dem Islam zu verdanken, vom Zahlensystem bis zu den ersten europäischen Universitätsgründungen ... Der VS unterstützt den Dialog der Religionen und Kulturen, indem er Lesungen mit muslimischen, israelischen und deutschen Autoren veranstaltet, unter anderem zum Jahrestag der ›Reichspogromnacht‹ in den Kölner romanischen Kirchen. Gerade die *deutschen* Schriftsteller müssen sich den von der Regierung Bush ausgehenden Kampagnen, ganze Völker und Religionen für die Terror-Attentate vom 11. September verantwortlich zu machen, nachdrücklich widersetzen, damit der Geist vom 9. November 1938 nie wieder Fuß fassen kann.«

Zu diesem Zeitpunkt war der Verband deutscher Schriftsteller dem Rest der Welt um die entscheidende Info-Länge voraus: die Aktion, soviel stand fest, richtete sich gegen die amerikanische Nahost-Politik. Und obwohl die Kolleginnen und Kollegen vom Verband deutscher Schriftsteller nicht einmal die nationale und politische Herkunft der Täter kannten, wußten sie doch genau, was gegen die Gewalt, den Terror und das Blutvergießen unternommen werden muß: Es ist die Aufgabe der deutschen Schriftsteller, Bush in den Arm zu fallen, damit sich der 9. November, die Kristallnacht, nicht weltweit wiederholt. Denn wer soll die Welt retten, wenn nicht die *deutschen* Schriftsteller, die schon zweimal so erfolgreich gegen heimische Diktaturen gekämpft haben?
Womit haben wir es hier zu tun? Ist es kindliche Naivität, dichterischer Größenwahn, moralischer Imperialismus? Oder die alte Marotte, am deutschen Wesen soll die Welt genesen, diesmal mit Hilfe des Schriftstellerverbandes? Es ist von allem was, vor allem aber ist es der totale Realitätsverlust.
Das zeigte auch die nächste Erklärung des Verbandes deutscher Schriftsteller vom Oktober 2001: »Die Welt nach dem 11. September 2001«. Auch sie war ein bemerkenswertes Dokument autistischer Selbstentflammung.

»Seit den Terror-Attentaten vom 11. September 2001 sind Intellektuelle in Deutschland vor ihrer eigenen Zunft nicht mehr sicher. Wer immer es gewagt hat, nach politischen oder psychologischen Erklärungen für die Katastrophe zu fragen, vor Anti-Islamismus oder Krieg gegen Afghanistan zu warnen, Kritik an der Berichterstattung einiger Medien oder dem Präsidenten der Vereinigten Staaten zu üben, kurz: in den kollektiven Ruf nach Rache *nicht* einzustimmen, ist als ideologisch verbohrt, feige, stupide oder besserwisserisch-moralisierend diffamiert worden, eine Kampagne, deren Opfer Peter Sloterdijk, Adrienne Goehler, Botho Strauß, Klaus Theweleit, Durs Grünbein, Noam Chomsky und nicht zuletzt auch der Verband deutscher Schriftsteller geworden sind. Am härtesten traf es Roger Willemsen, den der Spiegel-Redakteur Reinhard Mohr im *Tagesspiegel* vom 24. September als ›durchgeistigtes Sensibelchen‹ bezeichnet, ›das sich schon beim Explodieren eines Knallfroschs in die Hose machen würde‹. Niemand hat gegen diese Entgleisung Einspruch erhoben. Galt es doch, die Bösen, die Zyniker, die Sympathisanten des Terrors abzustrafen, und dazu war jedes noch so unfaire Mittel recht, sogar die in der *FAZ* aufgestellte Behauptung, daß dem immerhin 4.000 Männer und Frauen starken VS ›kaum noch Schriftsteller‹ angehörten, sondern nur trockene Funktionäre und Verwaltungsangestellte, die sich, so die *WELT*, statt um Literatur um ein neues Urhebervertragsrecht kümmerten ...«

Da lag die *WELT* ausnahmsweise richtig und der Kollege vom VS ganz falsch, aber er hatte sich so in die solidari-

sche Rage mit allen deutschen Opfern des Krieges geschrieben, daß er am Ende völlig den Überblick verlor.

»... zur gleichen Zeit fielen Journalisten und Politiker nahezu geschlossen über den Tagesthemen-Moderator Ulrich Wickert her, der aufgrund einer einzigen kritischen
Äußerung über George Bush in der Zeitschrift *Max* plötzlich ›peinlich‹, ›untragbar‹, ja politisch ›gefährlich‹ geworden war und von Angela Merkel in der *Bild am Sonntag*
zum Abschuß von der Fernsehbildfläche freigegeben
wurde. Sogar die Vorstellung seines neuen Buches wurde
von seinem Verlag, der Millionen an ihm verdient hat,
über Nacht abgesagt. Doch Wickert ist ›lernfähig‹ und
wird sich künftig jeder politischen Meinungsäußerung
enthalten. Michael Friedman darf unterdessen fortfahren,
seine Fernseh-Talk-Show zur Demonstration seiner politischen Meinung zu mißbrauchen und Andersdenkenden
rücksichtslos ins Wort zu fallen, ob sie nun Peter Scholl-
Latour oder Alice Schwarzer heißen ...
In Amerika wurde das Recht auf freie Meinungsäußerung
bereits drastisch beschnitten. Mehrere Journalisten verloren seit dem 11. September ihre Arbeit, die Sendung
›Politically Incorrect‹ von Bill Maher darf in Washington,
D. C., nicht mehr ausgestrahlt werden, der Pressespre-
cher des Weißen Hauses hat angekündigt, daß Journalisten künftig ›aufpassen müssen, was sie sagen und tun‹.
Bleibt zu hoffen, daß diese Welle nicht auch zu uns über-
schwappt. Daß die politische Streitkultur, ein Teil der viel-
gepriesenen westlichen Zivilisation, erhalten bleibt.«

Da stimmte zwar einiges nicht, aber worauf es ankam, waren nicht Tatsachen und Zusammenhänge, sondern die bedauernswerten Kollateralschäden des Krieges in Deutschland. Am schlimmsten hat es das Sensibelchen Willemsen und den Verband deutscher Schriftsteller erwischt, während ein Kriegsgewinnler wie Michael (!) Friedman im Schutz der anfliegenden Bomber Andersdenkenden ins Wort fallen darf, ohne für diese Brutalität abgestraft zu werden.

So sensibel können deutsche Schriftsteller sein, wenn es um sie selber geht. Krieg und Terror haben die Bundesrepublik erreicht. Ein tiefer Graben teilt das Feuilleton, auf der einen Seite lauert die Macht, auf der anderen Seite wachen die kritischen Geister.

Nachdem Otto Schily ein paar Sätze gesagt hatte, die nichts anderes als einen Ist-Zustand zusammenfaßten: »Für verheerend halte ich die Behauptung, die Amerikaner hätten es ... gar nicht besser verdient. Das ist eine wirklich schlimme Entgleisung, die leider in gewissen intellektuellen Kreisen gegenwärtig zu hören ist« – wurde er auf der Stelle abgemahnt.

»Wenn Schily als deutscher McCarthy in die Geschichte des Ungeistes eingehen will, soll er ruhig so weiterreden« (Peter Sloterdijk). »Autorenschelte aus den Zeiten des seligen Franz Josef Strauß soll bitte keine Renaissance erleben« (Hilmar Hoffmann). »Eine Politik, die strikt in Gut und Böse einteilt, ist hoffnungslos« (Martin Walser). Günter Grass, der noch nie einen Gedanken verschluckt hat, sagte, Schily »soll seine Worte hüten«.

Die Arbeitsteilung ist praktisch und sie macht Spaß. Schriftsteller dürfen nicht nur, sie müssen Politikerschelte treiben; umgekehrt dürfen Politiker nicht sagen, was sie von politisch dilettierenden Schriftstellern halten. Denn dann greifen sie in die Freiheit der Künste ein.

Auf die Frage, wie er »die Ereignisse« vom 11. September erlebt habe, gab Martin Walser folgendes zu Protokoll:

»Ich mußte am Abend in Bamberg lesen. Ich fragte mich, wie kann man nun aus einem Roman lesen, der ›Der Lebenslauf der Liebe‹ heißt? Doch die Organisatorin sagte, wir machen es trotzdem. Also folgte ich einem inneren Impuls und sagte: Die Amerikaner pfuschen mir schon wieder drein. Die Leute waren irritiert, und ich habe erzählt, daß am 21. November 1963 mein Stück ›Überlebensgroß Herr Krott‹ in Stuttgart uraufgeführt werden sollte, wegen der Ermordung Kennedys aber abgesagt wurde. Dann habe ich gelesen, später haben zwei Zuhörer gesagt: Sie haben uns den Tag vergessen lassen. Eine schöne Erfahrung für mich als Autor.«

Und so blieb der 11. September wenigstens für Martin Walser in guter Erinnerung. Jetzt warten wir nur noch ab, wer den Wettbewerb im Pfahlsitzen in Soltau gewinnt. Hoffentlich pfuschen die Amerikaner nicht wieder dazwischen.

WO BLEIBEN DIE BEWEISE?
SOLIDARITÄT MIT DEM ORDNUNGSFAKTOR

Es kann schon sein, daß die rechtgläubigen Fundamentalisten mit ihrer Verachtung für die dekadente, entkernte, verweichlichte westliche Kultur nicht ganz danebenliegen. Wochenlang hat der *stern* mit dem 11. September getitelt: »Der Angriff«, »Nach dem Inferno«, »Mohammeds zornige Erben«; dann ging es wieder zurück an den heimischen Herd: »Frauen erzählen: Ich habe einen Liebhaber.«

In Paris gab es eine Wochenschau, auf der eßbare Dessous aus Schokolade vorgeführt wurden, und in Berlin warnte zur selben Zeit der Schauspieler Ezard Haußmann den Regierenden Bürgermeister Klaus Wowereit davor, zwei kleinen Theatern die Subventionen zu entziehen; dies wäre nicht nur ein Wortbruch, sondern auch ein »barbarischer Akt«.

Wenn die Repräsentanten der westlichen Kultur mal militant werden, dann vor allem, um ihre Alimentierung zu verteidigen oder ihren Gewaltphantasien freien Lauf zu lassen. Wie der »Langzeitstudent« an der Humboldt-Universität, der nach einer Podiumsdiskussion über den Krieg in Afghanistan ans Mikrofon trat und sagte, er sei das Gerede vom »gerechten Krieg« leid; wenn es einen gerechten Krieg gäbe, »dann müßte er darin bestehen, daß man das Pentagon und die Wall Street bombardiert«.

Ein paar Zuhörer buhten, ein paar klatschten. Zur westlichen Streitkultur gehört neben dem Widerspruch aber auch die Inkonsistenz. Dieselben Kulturkonsumenten, die in der »Schaubühne« die nackten Körper von Sasha Walz bejubeln, finden plötzlich, sobald sie die Akademie der Künste oder das Haus der Kulturen der Welt betreten, man dürfe von Berlin aus die Gefühle der Moslems in Abu Dhabi nicht verletzen und sie vor allem nicht mit »unserer Lebensweise« belästigen. Ulrich Wickert hat in demselben Aufsatz, in dem er Osama bin Laden und George W. Bush »gleiche Denkstrukturen« unterstellte, noch viel schöneren Unsinn geschrieben, für den er sich nicht entschuldigen mußte. »Laßt den Islam mohammedanisch sein. Zwingt ihm nicht den westlichen Materialismus auf.«

Sagt ein Mann, der als Vertreter von Tugenden und Werten zum Millionär geworden ist und sich stundenlang über die richtige Raumtemperatur seines Lieblingsbordeaux auslassen kann. Dabei ist die Warnung, dem Islam und anderen fremden Kulturen unseren westlichen Materialismus nicht aufzuzwingen, auch nur eine Form romantischer Herablassung: Was sollen diese Wilden schon mit Klimaanlagen anfangen? Oder mit MTV? Oder mit Internet? Wo man bei ihnen doch so gemütlich im Café sitzen und Wasserpfeife rauchen kann.

Dabei überrascht es, wie viele Islam- und Fundamentalismus-Experten es plötzlich in der Bundesrepublik gibt, die genau wissen, was man machen und vor allem: unterlassen muß, um eine »Eskalation der Gewalt« zu verhindern, was praktisch bedeutet: die Terroristen nicht zu weiteren Schlägen zu provozieren. Es gibt einen breiten Konsens darüber, wie man den Terror nicht bekämpft. Die Ratschläge klingen, als würden bei einer drohenden Epidemie die Ärzte von den Patienten aufgefordert, sich keine Maßnahmen zu überlegen und schon gar nicht Gegenmittel einzusetzen, dies würde die Lage nur verschlimmern.

Dabei machen immer dieselben Metaphern die Runde, als gäbe es irgendwo im Land einen zentralen Thinktank, dessen Angehörige, alles Kinder von Mahatma Gandhi, Martin Luther King und Mutter Teresa, sich rund um die Uhr situative Notlügen ausdenken und sie sofort ins Netz stellen. Kaum hat man bei einer Diskussion in Hamburg einen Satz gehört, hört man ihn einen Tag später in Berlin, Paderborn und Anklam.

Wenn sich zum Beispiel ein Einbrecher in einem Wohnhaus versteckte, sagte ein junger Mann in der Diskussion in der Humboldt-Universität, bei der ein anderer den Vorschlag machte, das Pentagon und die Wall Street zu bombardieren, wenn sich also ein Einbrecher in einem Haus versteckte, dann müßte die Polizei ihn aus dem Haus holen, statt das Haus in die Luft zu jagen. So was wäre unakzeptabel und auch vollkommen kontraproduktiv, weil es den Haß der anderen Bewohner auf die Polizei nur schüren würde. – Sagte es und war mit sich sehr zufrieden.

Die Diskussion ist an einem Punkt angekommen, daß man sogar solche Debilitäten zurechtrücken muß. Würde ein Einbrecher sich in einem Haus verstecken, könnte die Polizei in aller Ruhe vor dem Haus abwarten, bis er wieder rauskommt. Würde aber ein Massenmörder die Einwohner als Geiseln nehmen und damit drohen, das Haus in die Luft zu jagen, wie er es schon mal gemacht hat, dann hätte die Polizei nur zwei Optionen: das Haus stürmen oder abziehen und hoffen, daß die Bewohner nicht lange leiden müssen. Einen dritten Weg gibt es nicht.

Die niedliche Überlegung, ob die Polizei ein Haus stürmen darf, in dem sich ein Einbrecher versteckt hat, dient dazu, das eigentliche Problem klein- und schönzureden, die Dimension des Verbrechens und der nötigen Konsequenzen nicht wahrnehmen zu müssen, als hätte man es mit einer Bande von Hütchenspielern zu tun. Das Wichtigste, worauf es ankommt, ist: Es dürfen nur rechtsstaatliche Mittel eingesetzt werden. Und am besten gar keine Gewalt, denn die führt nur zu neuer Gewalt ...

Gregor Gysi wird nicht müde zu wiederholen, die US-Justiz hätte einen »ordentlichen Haftbefehl« gegen Osama bin Laden erwirken und ihn notfalls »mit Hilfe einer Polizeiaktion« aus seinem Versteck holen sollen, so wie die Israelis es mit Eichmann getan haben. »Das war nicht legal, aber legitim.«

Der Jurist Uwe Wesel, der schon lange einen gesetzlichen Schlußstrich unter die Kriminalgeschichte der DDR ziehen möchte, um die Resozialisierung der Altkader zu erleichtern, will »eindeutige Beweise« sehen, »daß Bin Laden die Terrorakte zu verantworten hat«, obwohl er als Profi eigentlich wissen müßte, daß die entscheidenden Beweise immer erst im Prozeß vorgelegt werden und nicht davor, und daß allein die Video-Botschaften von Bin Laden allemal zu einer Anklage wegen Begünstigung und Beihilfe zum Mord ausreichen würden. In RAF-Prozessen sind schon aufgrund schwächerer Beweise revisionssichere Urteile gesprochen worden.

Die ostdeutsche Schriftstellerin Daniela Dahn, die schon manche Realität ihrer Optik angepaßt hat, meint, »Bin Laden könnte doch längst vor einem ordentlichen Gericht stehen«, wenn Bush und Blair »Beweise für seine Schuld an den Attentaten des 11. September« vorlegen würden, statt nur zu behaupten, es gäbe welche, und wenn sie das Taliban-Angebot, Bin Laden auzuliefern, akzeptiert hätten.

Denn während Bush und Blair eine abenteuerliche Politik mit unkalkulierbaren Risiken betreiben, kann man sich auf die Taliban verlassen, es gibt zu ihnen »keine politische Alternative«, so steht es in einem Kommentar der SZ, und man müsse mit ihnen nicht sympathisieren, »um festzustellen, daß sie einen gewissen Ordnungsfaktor darstellen«, vor allem wenn es darum geht, »die Not leidende Bevölkerung mit Nahrungsmitteln zu versorgen«. Das heißt, die Taliban erlauben ausländischen humanitären Einrichtungen, das Elend zu behandeln, das sie herbeigeführt haben. Allein das macht sie schon zu einem »Ordnungsfaktor«.

So wird die Herrschaft der Taliban liebevoll verharmlost – auch die Nazis waren 1933 ein gewisser Ordnungsfaktor nach dem Chaos der Weimarer Republik –, während der Kampf gegen den Terrorismus zu einer teleologischen Aufgabe verklärt wird, die erst nach dem Jüngsten Gericht Wirkung zeigen kann.

»Das einzig mögliche Mittel gegen den Terrorismus sind Gerechtigkeit und Versöhnung auf der Basis von Menschenrechten, und zwar für alle Völker auf der Welt«, sagt der Politologe und Friedensforscher Jakob von Uexküll. Und das kann nur eine Frage von Tagen sein.

Das meint im Prinzip auch der Berliner Landesschülersprecher Sebastian Schlüsselburg, geht aber trotzdem gleich nach der Friedensdemo auf einen Big Mac zu McDonald's. Gefragt, ob er mit »amerikanischen Unternehmen ... kein Problem« habe, bekennt er: »Klar, da bleibt ein gewisser Widerspruch. Nach den Terrorakten muß die westliche Welt auch ihre Wirtschaftspolitik kritisch hinterfragen. Und McDonald's könnte man ja durchaus als ein kapitalistisch-imperialistisches Unternehmen bezeichnen.«

Das man eigentlich bomben müßte, wenn es nach dem Willen von »Alex« ginge, der in einem Berliner »Obdachlosenprojekt« lebt. »Im Grunde freut es doch jeden, daß Amerika was abgekriegt hat ... Zwanzig Jahre lang oder noch länger haben die Amerikaner sich als Weltpolizist aufgespielt. Mir geht die ganze Plärrerei um die Opfer auf die Nerven. Bei anderen Katastrophen gab es keine solchen Reaktionen. Warum jetzt?«

Die Differenz zwischen einem Berliner Professor, der schon vor dem Prozeß »Beweise« sehen möchte, und einem Berliner Penner, der seiner Schadenfreude, von keiner Beweislast behindert, freien Lauf läßt, schrumpft auf die Länge einer Zigarettenkippe, die der eine wegwirft und der andere aufhebt. Und wenn dann in der *Woche* eine Berliner Puffmutter zu Wort kommt, ist die pazifistische Volksgemeinschaft komplett angetreten und die praktische Vernunft wiederhergestellt:

»Am Ende wird immer gefressen, getrunken und gefickt ... Seit dem 11. September hat die Lust auf Sex nachgelassen. In den ersten Tagen nach den Terroranschlägen war das Geschäft stark rückläufig, weil die Kunden zu Hause vor dem Fernseher blieben ... Das Geschäft hat sich aber insgesamt wieder normalisiert, nachhaltiger als die Attentate wird sich wahrscheinlich der Euro auswirken ...«

Wenn sich das Geschäft nach der Einführung des Euro weiter normalisiert hat, werden wir uns wieder der Gerechtigkeit und der Versöhnung auf der Basis von Menschenrechten für alle Völker widmen. Der Professor, der Pazifist, der Penner und auch die Puffmutter. Um dem Terrorismus die Grundlage zu entziehen. Wir solidarisieren uns mit den notleidenden Menschen in aller Welt, machen das Fernsehen an und reisen sicher in die Ferne.

DAS GEWISSEN DER NATION:
EINE PFEIFE FÜR DEN FRIEDEN

Unter den vielen kulturellen Institutionen der Bundesrepublik, die mit der Verwaltung der Moral und des Protestes beschäftigt sind, vom Verband deutscher Schriftsteller bis zu der Initiative »Gesicht zeigen!« und von der
»Freien Volksbühne« bis zum Bundespräsidialamt, kommt
einer öffentlichen Einrichtung eine ganz besondere Bedeutung zu: Günter Grass. Er hat schon vor dreißig Jahren Willy Brandt beraten und etwa genauso lange auf den
Nobelpreis gewartet. Die Wartezeit hat er sich mit Erklärungen zu aktuellen Problemen verkürzt. Mal warnte
er vor dem Heraufkommen des Faschismus in der Bundesrepublik auf legalem Wege, mal nannte er die DDR
eine »kommode Diktatur«. Die Wiedervereinigung wollte
er mit dem Hinweis auf Auschwitz einfach verbieten.
Kaum jemand lag mit seinen Analysen so oft und so
gründlich daneben, und kaum jemand wird für sein stän-
diges Danebengreifen so verehrt wie Grass. Denn er verkörpert eine wichtige deutsche Tugend: Standhaftigkeit
um ihrer selbst willen. So ist er noch heute stolz darauf,
zusammen mit Peter Rühmkorf der letzte zu sein, der
sich »an einen alten Beschluß der Gruppe 47« hält und
»nicht mit der Springer-Presse« redet. »Auch mein Verlag

hat die Auflage, keine Anzeigen bei Springer-Zeitungen zu schalten.«

So war es ganz natürlich, daß sich nach dem 11. September alle Augen auf Grass richteten. Was wird der Nobelpreisträger zu den Terroranschlägen sagen? Grass sagte erst mal gar nichts, was prinzipiell ein gutes Zeichen war. Er brauchte gute zehn Tage, um sich eine Meinung zu bilden. Erst während einer Lesung aus seinem Roman »Ein weites Feld« im Haus der Berliner Festspiele erklärte er, was ihm durch den Kopf und das Herz gegangen war, nachdem 3.000 Menschen innerhalb von Minuten ihr Leben verloren hatten. »Schreckliches ist geschehen, doch die Wörter in den Reaktionen haben mich ebenfalls erschreckt.« Formulierungen wie »unendliche Gerechtigkeit« oder »Kampf des Guten gegen das Böse« könnten auch von den Terroristen selbst stammen.

Ich stellte mir vor, wie Grass in seinem Lübecker Heim vor dem Fernseher sitzt, die beiden Türme des WTC einstürzen sieht, sich einen kurzen Moment fragt, was die Menschen in den beiden Flugzeugen gefühlt haben, bevor sie beim Aufschlag pulverisiert wurden, und wie es denn so ist, wenn man im 100. Stockwerk festsitzt und sich schnell entscheiden muß, ob man lieber ersticken oder im freien Fall noch ein wenig frische Luft genießen möchte, wie er dann Präsident Bush vom »Kampf des Guten gegen das Böse« reden hört und wie er plötzlich zusammenzuckt: Das ist ja auch schrecklich! Der Kampf des Guten gegen das Böse! Das kann ja nicht gut gehen! So reden doch nur Terroristen!

Zwar redet jeder Dorfpfarrer jeden Sonntag von der

Pflicht, das Gute zu verteidigen und das Böse zu bekämpfen, doch wenn Bush so was sagt, dann spricht nicht der Pfarrer aus ihm, sondern ein Terrorist aus Texas. Ein paar Tage später wurde Grass vom Lübecker »Tabakforum« als »Pfeifenraucher des Jahres« ausgezeichnet. Er nahm diese Ehrung zum Anlaß, wieder Stellung zu beziehen und vor einem »militärischen Eingreifen« in Afghanistan zu warnen. Es könnte zu einem »zweiten Vietnam« werden. Der Gedanke war nicht mehr ganz neu, machte aber auf die anderen Pfeifen den gebotenen Eindruck, zumal Grass noch eine grundsätzliche Überlegung nachschob. »Wenn man den Haß und die Anlässe zum Haß verringert, wird auch der Terrorismus nachlassen.«

Woher war sich Grass so sicher? Hatte er mit Osama bin Laden eine Pfeife geraucht und hatte ihm der Führer von al-Kaida bei dieser Gelegenheit den Zusammenhang von Haß und Terror erklärt?
Es ist ein wenig so, wie bei den Versuchen, die Entstehung von Kriminalität zu erklären. Zuerst gibt es die Armutskriminalität. Die Armen können nicht anders, sie müssen kriminell werden, einfach um zu überleben. Dann entdeckt jemand, daß auch gut Versorgte die Gesetze brechen, obwohl sie es gar nicht müßten. Und schon gibt es die »Wohlstandskriminalität«, die natürlich ganz andere Ursachen hat als die »Armutskriminalität« und deswegen auch ganz anders angegangen werden muß. Aber wie man sie auch erklärt: Die Kriminalität bleibt.
So ist es auch mit dem Terror. Jeder, der über ihn redet, weiß, woher er kommt und wie man ihn beenden könnte.

Nur die Terroristen ignorieren die Reflektionen. Ihnen macht es einfach Spaß.

Statt in einer solchen Situation klug zu resignieren und zuzugeben, daß es für rationale Ansätze gegenüber der Irrationalität eine Grenze gibt, die zu überschreiten keinen Erkenntnisgewinn bringt, legte Grass weitere Kalenderweisheiten nach. »Nicht nur die extreme Auslegung des Islam, auch die Gut-oder-Böse-Kategorien des amerikanischen Präsidenten haben einen religiös-fanatischen Hintergrund.« Genau, der Fanatiker Bush hatte grade eine Moschee in Washington besucht, während sein Alter ego Osama bin Laden, vor einer Höhle sitzend, die Kalaschnikow an die Wand gelehnt, den Christen und den Juden den Krieg erklärt hatte. Was semiotisch und symbolisch etwa auf das gleiche hinaus läuft. Weiter behauptete Grass unbeirrt: »Wenn man dem Terrorismus dauerhaft beikommen will, dann muß sich das Verhältnis der reichen Länder zu den Staaten der Dritten Welt grundlegend ändern.«

Hatte eine solche Aussage nicht auch einen religiös-fanatischen Hintergrund? Sprach nicht auch Grass in Gut-oder-Böse-Kategorien, die er Bush verübelte? Stellte er nicht kausale Zusammenhänge auf, die er ungeprüft gelten ließ? Konnte Grass nicht auch mal die Anti-These wenigstens »andenken«: Wenn man dem Terrorismus dauerhaft beikommen will, dann müßten die Staaten der Dritten Welt ihre politische Struktur ändern, statt immerzu die reichen Länder für ihr Elend verantwortlich zu machen. Die reichen Staaten sind für die Korruption in Indonesien ebensowenig verantwortlich wie für die Überbevölkerung in Ägypten. Es gibt in der Dritten Welt genug hausgemachte Probleme, die mit Hausmitteln gelöst werden müßten.

Aber so was sagt Grass nicht, denn der große Vordenker ist vor allem ein großer Vereinfacher. Tauglich für jedes Format. Und auch für Wiederholungen bestens geeignet.

»Herzlich willkommen zur heutigen Sendung, wir sind hier im Götterzimmer des Buddenbrook-Hauses in Lübeck, hergekommen nach Lübeck, um einen Mann zu besuchen, der siebzig Jahre nach Thomas Mann ebenfalls den Literatur-Nobelpreis erhielt ...«, sagt Sandra Maischberger. Sie begrüßt »eine Stimme, die man hören möchte, wenn es um Krieg geht und Kritik am Krieg und Ursachen des Krieges ... Herr Grass, wie ist denn die Sicht des ehemaligen Flakhelfers auf das, was in den letzten zwei Tagen passiert ist?«

Grass hält sich an seiner Pfeife fest, ein altgewordener Flakhelfer, Erbe von Thomas Mann, ein neuer Gott im Götterzimmer der Buddenbrooks.

»Nun, ich habe als 16-, 17-jähriger den Krieg kennengelernt und ich habe die Lehre gezogen, daß Krieg keine Probleme aus der Welt schafft. Es ist manchmal notwendig, daß man sich wehrt. Ohne den Widerstand europäischer Länder und auch Amerikas und der damaligen Sowjetunion wäre Hitler nicht besiegt worden, ich bin kein ausgesprochener Pazifist, aber ich bleibe dabei, Krieg schafft die Probleme nicht weg, vergrößert sie gelegentlich sogar, und was den jetzigen Krieg, wenn es denn

einer ist, angeht, so wird er die Probleme, die zu den Terroranschlägen geführt haben, nicht aus der Welt schaffen ... Bis jetzt sehe ich keine Anstrengung, nach den
Ursachen des weltweit vorhandenen Hasses nicht nur gegen die Vereinigten Staaten, sondern gegen alle reichen
Staaten zu forschen ...«

Mit einer Ausnahme: Günter Grass. Er sieht die Ursachen
und benennt sie. »Wie ist Ihr Verhältnis zu den Amerikanern?« fragt Maischberger. »Sie waren als Teenager in
der Kriegsgefangenschaft bei den Amerikanern, wie waren Ihre Eindrücke damals?«
Im großen und ganzen, sagt Grass, waren die Eindrücke
nicht schlecht. Es habe ihm »der laxe Umgang« der Amerikaner untereinander, »auch Vorgesetzten gegenüber,
imponiert«, aber schon 1945 in der Gefangenschaft habe
er »den Rassismus kennengelernt«, der einen gegen die
anderen. »Der Weiße, der unser Kommando führte, der
sprach nicht direkt mit dem schwarzen Truck-Fahrer, da
gab es eine ungeheure Distanz und eine Mißachtung der
schwarzen Soldaten, die ja mit ihnen gemeinsam den
Krieg geführt und auch gewonnen hatten.«

So hat Grass schon früh begriffen, wie die US-Gesellschaft
funktioniert, später kamen dann andere Einsichten dazu.

»Was zur Zeit läuft, und ich will jetzt gar nicht alles auf-
listen, was alles von den Vereingten Staaten in der Außenpolitik, in ihrer Interessenpolitik falsch gemacht worden
ist, aber es steht fest, daß damals der Irak von den Ameri-

kanern und anderen aufgerüstet worden ist gegen den Iran. Das gleiche trifft für die Mujaheddin und die Taliban zu, die sich nie hätten halten können ohne anfängliche Unterstützung der Vereinigten Staaten. Und ich sehe bis jetzt kein Einsehen in die eigenen Fehler. Man kann auch sagen, daß der CIA in seiner Tätigkeit über die Jahrzehnte hinweg zeitweise den Erscheinungscharakter und die Praxis einer terroristischen Vereinigung hatte. Und das sind Dinge, die wir zur Kenntnis nehmen müssen, also der Kampf des Guten gegen das Böse, wie es von Präsident Bush geäußert wurde, ist nicht nur ein Nonsens und spricht jedem zivilisierten Verhalten Hohn, diese Formulierung ist auch gleichzeitig eine Annäherung an die Sprache der Mullahs.«

Seit Grass die Flakstellung verlassen hat, ist schon einige Zeit vergangen, hat sich vieles in der Welt verändert, nur Grass feuert noch immer in die gleiche Richtung. Die USA haben nicht nur den Irak aufgerüstet und den Taliban gegen die Sowjets unter die Arme gegriffen, sie haben sich vorher schon mit Stalin zusammengetan und ihm später halb Europa überlassen, was Grass den Amis auch vorwerfen müßte, wenn er nur halb so konsequent wäre, wie er tut. Anders als in der Literatur geht es in der Politik auch praktisch zu, und da kann es mal passieren, daß eine Weltmacht diejenigen entwaffnen muß, die sie vorher selbst bewaffnet hat. Moral ist eine feine Sache, wenn man im Götterzimmer der Buddenbrooks sitzt, mit Sandra Maischberger plaudert und Pfeife raucht. Dann ist es nicht der Terror, der jedem zivilisierten Verhalten

Hohn spricht – er kommt ja aus dem Haß und ist moti-
viert –, sondern die Rede von Bush über das Gute und das
Böse.

Während über dem Kopf von Grass die letzte Meldung
als Band läuft –»Die Anschläge mit gekaperten Flugzeugen werden nicht aufhören, das erklärte ein Sprecher der
Bin-Laden-Terrororganisation al-Kaida« –, kommt Sandra Maischberger auf Ulrich Wickert zu sprechen, der es
»nicht so eloquent ausgedrückt ..., aber einen ähnlichen
Gedanken formuliert« hat und »dafür fast an den Rand
der Berufslosigkeit gekommen« ist.

Wickert, ein Beinah-Opfer des Berufsverbots wegen Par-
teinahme für die Dritte Welt. Das findet auch Grass erschreckend und möchte den Kollegen »ausdrücklich in
Schutz nehmen«, denn es habe ihn »überrascht, daß die
Kollegen von Ulrich Wickert nicht aufschreien und sich
schützend vor ihn stellen ...«.

Womit wenigstens klar wird, worum es in diesem Konflikt wirklich geht. Nicht um den Kampf der Dritten Welt
gegen die Erste, nicht um globale Gerechtigkeit, sondern
um die Verteilung der Ressourcen an den intellektuellen
Stammtischen. Wickert hat in einem privaten Magazin
hanebüchenen Unsinn geschrieben, dafür ist er von den
ARD-Hierarchen abgemahnt worden, und er hat sich in
den Tagesthemen für seinen Ausrutscher entschuldigt,
wohl wissend, daß seine vielen Nebeneinnahmen von seiner öffentlich-rechtlichen TV-Präsenz abhängen. So ist er
»fast an den Rand der Berufslosigkeit« gekommen, was
immerhin soweit richtig ist, als kein Mensch sich ein
Buch von Wickert kaufen würde, wenn er die Tagesthe-

men nicht mehr moderieren dürfte. Und so gilt Grass'
Mitgefühl zuerst den Armen in der Dritten Welt und
gleich danach Ulrich Wickert in der ARD. Für alles übrige
gilt: »Das Nachforschen nach den Gründen ist viel not-
wendiger als alle militärischen Überlegungen.«

Da fällt Sandra Maischberger eine Geschichte ein, bei der
Grass sich ähnlich exponierte, aber anders argumentierte.
»Sie haben sich damals sehr für Salman Rushdie eingesetzt, an dem schon deutlich war, zu welchen Mitteln
Fundamentalisten, in diesem Fall auch aus dem islamischen Bereich, greifen können. Verstehen wollten Sie es
damals nicht, Sie waren sehr klar auf der Seite von Rushdie. Sie wären damals nie auf die Idee gekommen, zu sagen, wo sind denn die Ursachen für das, was ihn trifft.«

Grass hat nicht einmal mit einer so leichten Gegenbrise
gerechnet. Er scheint irritiert. Rushdie, sagt er, das sei
doch etwas ganz anderes.

»Salman Rushdie hat ein Buch geschrieben, ein sehr in-
teressantes Buch, und eine kleine Gruppe im Islam neigt
dann dazu, den Hexenwahn ausbrechen zu lassen und
solche Verfolgungsmechanismen in Gang zu setzen. Das
war ja ein ganz anderes Problem, ein rein religiöses Problem, so wie es dort aufgefaßt wurde ... Rushdie ist ja
nicht jemand, der die reichen Länder vertritt ...«

Grass redet sich in die Sackgasse, weicht dabei aber nicht
vom Weg ab.

»Bleiben Sie dabei, daß der Krieg das falsche Mittel ist?«
fragt Maischberger.

»In diesem Fall ganz gewiß«, stimmt Grass zu, »denn
Bin Laden, ob sie ihn fangen oder er bei einem Bomben-
angriff zu Tode kommt, das regelt das Problem nicht,
denn der Haß wächst nach. Wir können das im Nahen
Osten beobachten, wie dort Generation nach Generation,
weil die politischen Probleme nicht gelöst werden, wächst
dieser Haß nach und führt zu Selbstmordkommandos, zu
diesen Dingen, die uns irrational vorkommen, sie sind es
auch, aber sie haben ihre Ursachen.«

Von nichts kommt nichts, sagt der Volksmund. Haß führt
zum Selbstmord, sagt Grass. Daß die Selbstmörder sich
nicht allein auf den Weg ins Paradies machen, sondern
Menschen mitnehmen, die lieber in der irdischen Unvoll-
kommenheit bleiben würden, scheint ihm so unvermeid-
lich, daß er es nicht einmal erwähnt. Hat Wickert, noch bevor er Bush mit Bin Laden auf eine Stufe stellte, die Parole
»Ruanda war schlimmer!« ausgegeben, so bringt Grass
die Toten vom World Trade Center in die richtige historische Perspektive. Zwei rauf, zwei runter, vier im Sinn:

»Allein schon die Zählweise, wenn es um Tote geht, ist
decouvrierend. Ich fange hier in Europa an, Tuzla, Sreb-
renica in Bosnien, in relativ kurzer Zeit von Serben und
Kroaten ermordete 250.000 grob geschätzte Moslems. Auf
der anderen Seite in New York fünf-, sechstausend Tote.
Oder in Ruanda, wo die Amerikaner Verantwortung über-
nommen haben, sie haben sich zurückgezogen, als es

brenzlig wurde, das führte zu einem Massenmord an 700 bis 800.000 Ermordeten, aber das ist schon wieder aus unserem Gedächtnis draußen. Während der Westen natürlich den Apparat hat, die Möglichkeiten hat, die Medien hat, in unserem Gedächtnis die fünf-, sechstausend beklagenswerten Toten in New York und Washington so hoch zu rechnen, daß die 800.000 Ermordeten in Ruanda oder die 250.000 ermordeten Moslems im bosnischen Bereich an den Rand gedrückt werden, nahezu vergessen werden. Diese Art von Zählweise gehört zum Fehlverhalten, auch zur Arroganz des Westens den Ländern der Dritten Welt gegenüber.«

Nichts in Grass' Ausdrucksweise deutet darauf hin, daß er es ironisch meint. Er tut genau das, was er anderen zum Vorwurf macht: er rechnet auf. Diesmal nicht Hamburg gegen Coventry, sondern Ruanda gegen New York. Faktisch steht das, was er sagt, auf wackligen Beinen – nicht die Amerikaner haben sich in Ruanda zurück-, sondern die UN haben 90 Prozent ihrer Truppen abgezogen, wobei Frankreich den mordenden frankophonen Hutus logistische Hilfe leistete. Aber auf die Fakten kommt es nicht an, weil Grass auf etwas anderes hinaus will. Nicht zufällig spricht er von den »beklagenswerten Toten« von New York, als wären sie bei einer Naturkatastrophe dahingerafft worden, und von den »Ermordeten« in Ruanda und im »bosnischen Bereich«. Waren in New York »Selbstmörder« am Werk, müssen es in Ruanda und Bosnien richtige Verbrecher gewesen sein. Die Botschaft ist klar: die Amis sollen sich nicht so anstellen, mit ein paar tausend »beklagenswerten Toten« sind sie noch gut weggekommen. Daß sie angesichts der Proportionen nicht zur Tagesordnung übergehen, ist nur ein weiterer Beleg für die Arroganz des Westens gegenüber der Dritten Welt.

Die Frage ist nur: Warum hat Günter Grass seit dem Völkermord in Ruanda im Jahr 1994 nicht täglich auf das schreiende Unrecht der arroganten »Zählweise« hingewiesen? Anlässe gab es doch genug. Lawinenunglücke, Erdbeben und Flutkatastrophen mit Tausenden von beklagenswerten Toten, und alles nicht halb so schlimm wie Ruanda. Oder Kambodscha. Oder Stalingrad. Oder Auschwitz.

Dieselben Moralisten, die nicht wissen möchten, wie viele Menschen im Gulag ermordet wurden, weil dies die Verbrechen der Nazis »relativieren« würde, relativieren einen Massenmord an Zivilisten, um ihn leichter abbuchen zu können, romantisieren die Täter als zwar hyperventilierende, aber dennoch motivierte Kamikaze-Flieger und weisen am Ende die Verantwortung für alles dem arroganten Westen zu. »Der Westen muß die Kraft finden, zu fragen, was er falsch gemacht hat«, sagt Grass in einem Interview mit der *FAZ*. »Niemand kann mich zwingen, Mitgefühl mit der amerikanischen Regierung zu haben«, sagt er bei *Spiegel online*, als ob ihn jemand darum gebeten hätte.

Grass dreht immer das große Rad, egal, ob er Gysi für »befähigt« hält, »auch ein schwieriges Ressort zu übernehmen«, oder ob er in den USA »eine Stimmung« ausmacht, »die an McCarthy-Zeiten erinnert«. Sensibel reagiert er nur, wenn er selbst angemacht wird. Schilys Kritik am real existierenden Antiamerikanismus der Intellektuellen nennt er ein »Schlagetotwort«. Weil er zu allem was zu sagen hat, sagt er auch was zum Nahost-Konflikt.

»Israel muß aber nicht nur besetzte Gebiete räumen. Auch die Besitznahme palästinensischen Bodens und seine israelische Besiedlung ist eine kriminelle Handlung. Das muß nicht nur aufhören, sondern rückgängig gemacht werden.« Das ist so dummdreist, daß es sogar den geduldigen Paul Spiegel zu einem Widerwort provoziert. »Sieht man sich seine Worte näher an, dann lautet seine Botschaft: Israel muß weg.«

Worauf Grass sich als Hobby-Zionist outet: »Auch Herr Spiegel wird mich nicht daran hindern, weiter ein Freund Israels zu sein.« Aber erst nachdem Israel nicht nur die besetzten Gebiete geräumt, sondern auch die Besitznahme palästinensischen Bodens beendet, also Haifa, Ramle und Jaffo an die ursprünglichen Besitzer zurückgegeben hat. Dann wird Grass seinem lieben Freund Amos Oz sicher Obdach in seinem Lübecker Haus anbieten.

Grass liebt Sätze des moralischen Größenwahns. Denn je gewaltiger der Gegenstand seiner Betrachtung, um so größer auch seine Fehlleistung. Das Gewissen der Nation hat mal ein paar Wochen in Kalkutta gelebt und ist seitdem auch ein Experte für ethnische Konflikte.

»Während meines halbjährigen Aufenthalts in Indien war ich an einigen Orten, Slums vor allem, wo Muslime und Hindus friedlich zusammenleben. Und dann, so hat man mir dort erzählt, kommen fanatische Politiker und stiften ein paar Jugendliche an, ein Schwein durch die kleine Moschee zu hetzen. Und sofort sind die Messer gezückt.«

So schnell geht das, wo Grass nicht rechtzeitig vor Ort ist. Und obwohl es furchtbare Folgen haben kann, wenn er nicht eingreift, kommt es vor, daß sein Wort ungehört bleibt. Er habe der Schwedischen Akademie geraten, »einmal unbescheiden zu sein« und den Nobelpreis für Literatur in diesem Jahr Per Olof Enquist, einem schwedischen Schriftsteller, zu geben. Doch es wurde V. S. Naipaul ausgezeichnet, der kritisch über den Islam schreibt, »ein bemerkenswerter Schriftsteller«, sagt Grass, »dessen politische Äußerungen zur Dritten Welt in mir jedoch einen Gegner finden«. Das ist schlimm für Naipaul, noch schlimmer ist nur, daß Grass sich grämen muß: »Aber man hat nicht auf mich gehört.«

EINE ANSTRENGUNG FÜR DIE LEHRE: ABSTURZ OHNE SCHADEN

Friedensforscher arbeiten wie Börsenanalysten. Wenn es gekracht hat, erklären sie, warum es zum Crash kommen mußte. An ihre eigenen Voraussagen wollen sie dann lieber nicht erinnert werden.

Was die indische Schriftstellerin Arundhati Roy für das deutsche Feuilleton ist, das ist der Norweger Johan Galtung für die Friedensbewegung: ein unverdächtiger Kronzeuge der pazifistischen Vernunft, Träger des alternativen Friedensnobelpreises, Gründer des Internationalen Friedensforschungsinstituts PRIO in Oslo, Dozent an den Universitäten von Hawaii und Witten/Herdecke, ein Mann also, auf den man sich friedenspolitisch verlassen kann.

Am 19. September, also gerade eine Woche nach den Anschlägen von New York und Washington, gab Galtung *Spiegel online* ein Interview, in dem er ausführlich darlegte, woher der Terrorismus kommt und wie er effektiv bekämpft werden könnte. Auf die Frage »Was ist die angemessene Antwort auf die Anschläge in den USA?« nannte er »fünf Dinge«, die jetzt »nötig« seien:

»Erstens: Denkpause. Zweitens: Dialog. Drittens: Versuche, zu verstehen, worum es geht. Viertens: Versöhnung. Und fünftens: die Konflikte lösen.«

Das leuchtete sogar mir ein. Erstens, zweitens, drittens ...
Seltsam, dachte ich, wenn es so einfach ist, Konflikte zu
lösen, warum waren Galtung und seine Freunde dann
nicht in der Lage, wenigstens die acht »Shelter now!« –
Mitarbeiter aus dem Taliban-Gefängnis zu befreien? Vielleicht zwischen Schritt zwei und drei?

Doch Galtung war schon bei Punkt sechs: »Konkret schlage ich vor, daß drei Leute, wie zum Beispiel Jimmy Carter, Nelson Mandela und Frederik Willem de Klerk, mit den Parteien reden, um die Spirale der Gewalt zu vermeiden.«

Worauf der Reporter von *Spiegel online* fragte: »Meinen Sie, islamistische Extremisten würden sich wirklich mit solchen Persönlichkeiten treffen?«

»Absolut«, antwortete Galtung, »ich habe einige Kontakte zu diesen Leuten gehabt.« Bedingung für einen Dialog wäre es jedoch, »daß man ein Minimum über den Islam weiß«. Wenn man den Moslems zum Beispiel erzählt, »das Wort ›Dschihad‹ heiße ›Heiliger Krieg‹, dann schütteln sie ganz einfach den Kopf«. Denn unter Dschihad »versteht der gläubige Moslem ganz allgemein die ›Anstrengung für die Lehre‹«.

Während Osama bin Laden den Christen und den Juden den »Heiligen Krieg« erklärte und drohte, es würden noch mehr Flugzeuge vom Himmel fallen, reihte sich der Friedensforscher Galtung in die lange Reihe jener Experten ein, die den gläubigen Moslems zu erklären versuchten, was sie unter dem Begriff »Dschihad« verstehen sollten.

Erst am Ende des Interviews, nachdem er nicht mehr wußte, was er am Anfang gesagt hatte, nannte er drei konkrete Beispiele für einen Dschihad, der ein wenig mehr war als nur die Anstrengung für die Lehre:

»Das erste Mal gegen die Kreuzzüge von 1095 bis 1291. Der Islam hat gewonnen. Das zweite Mal gegen Israel. Da steht es unentschieden, und der Konflikt dauert an. Das dritte Mal in Afghanistan gegen die sowjetische Invasion. Wieder haben die Moslems gewonnen.«

Keine schlechte Bilanz, dachte ich, wenn sie jetzt auch noch gegen Israel gewinnen, steht es drei zu null, und dann kommen die Moslems ins Halbfinale. Allerdings fielen mir auch noch ein paar andere Beispiele ein, die Galtung nicht genannt hatte, zum Beispiel der Krieg zwischen dem Irak und dem Iran, der irgendwie auch unentschieden ausgegangen war und bei dem beide Seiten behauptet hatten, Dschihad gegen die andere Seite zu führen. Gut, dachte ich, der Mann hat viel zu tun, er kann nicht alles bedenken.

Also blätterte ich wieder zurück, an die Stelle, an der Galtung davon spricht, es gebe einen »Klassenkonflikt zwischen armen und reichen Ländern, armen und reichen Menschen«, und daß sich »die Attentate in den USA ... wie ein Text lesen« lassen:

»Zwei Flugzeuge waren für das Handels-Amerika bestimmt, ein Flugzeug für das militärische Amerika ... Wäre der Angriff gegen die ganze amerikanische Zivilisation gerichtet gewesen, hätten die Täter viele andere Möglichkeiten gehabt. Hätten sie sich gegen die amerikanische

Demokratie gewandt, hätten sie wohl den Kongreß angegriffen.«

Da haben die Amis ja noch einmal Glück gehabt, dachte ich, daß die Attentäter offenbar großen Respekt vor der amerikanischen Zivilisation und der amerikanischen Demokratie gehabt und nur das WTC und das Pentagon angegriffen haben, »Symbole«, wie man überall lesen konnte.

Sie handelten überlegt und sie zahlten es den Amis nur heim, die »seit dem Zweiten Weltkrieg ähnliches Unheil über wenigstens dreißig Länder gebracht« haben, darunter Vietnam, Palästina, Bosnien und Serbien. »Leute haben für ihr Handeln immer Gründe. Die Angriffe auf das World Trade Center und auf das Pentagon sind Vergeltungsaktionen ... Wir sind in einer großen Vergeltungskette gelandet.«

Wie weit, fragte ich mich, darf man die Vergeltungskette abrollen? Wäre es noch berechtigt, Stockholm zu bombardieren, weil die Schweden im Dreißigjährigen Krieg große Teile von Mecklenburg-Vorpommern verwüstet haben, was den Aufbau Ost bis heute behindert? Dürfte man den Potsdamer Platz planieren, als Vergeltung für die Massenmorde an der Urbevölkerung in Deutsch-Südwest, oder das Brandenburger Tor pulverisieren als Rache für Oradour und Lidice?

Selbst wenn ich Galtung gegenübergesessen hätte, wäre ich nicht dazu gekommen, ihn etwas zu fragen, denn er war schon bei einer Theorie der Wirtschaft, wie sie sich aus dem Koran ergibt, den Galtung so gut kennt, daß er sogar weiß, was alles nicht drin steht:

»Im Koran ist Gewalt zur Selbstverteidigung erlaubt. Ansätze für offensive Gewalt gibt es nicht. Also muß man zu verstehen versuchen, warum sich diese Leute beleidigt fühlen. Ich bin ganz sicher, das hat auch ökonomische Ursachen. Ein Keim der Motivation, das World Trade Center zu treffen, liegt darin, daß Handel für einen Moslem eine Totalbeziehung ist, während westliche Wirtschaftswissenschaftler in ihrem Kosten-Nutzen-Denken die Gewinnmaximierung lehren. Das ist vergleichbar mit der Unvereinbarkeit von Liebe und Prostitution. Das gibt den Muslimen das Gefühl, sich verteidigen zu müssen ...«

Wie war das noch mal mit der Geschichte von »raffendem« und »schaffendem« Kapital, die vielen Ariern das Gefühl gab, sich wehren zu müssen gegen die Zumutungen der Zinsknechtschaft, so wie die Moslems heute eine ökonomische »Totalbeziehung« verteidigen, die im Westen pervertiert wurde wie die Liebe auf das Niveau der Prostitution? Der Anschlag auf das WTC war nicht nur eine Vergeltungsaktion, es war wohl der Versuch, eine liebevolle »Totalbeziehung« wiederherzustellen. Jedenfalls nach der Darstellung von Galtung, der in den fortschrittlichen Blättern der Republik nach dem 11. September so allgegenwärtig war wie Peter Scholl-Latour im Fernsehen. Egal, was er sagte, in was für Höhen oder Abgründe er sich hineinredete, er wurde immer als eine Kapazität vernommen – »der bekannte norwegische Friedensforscher

Johan Galtung«, ein willfähriger Zeuge, der in einem Interview auf die rhetorisch gemeinte Frage, ob es einen Zusammenhang zwischen der US-amerikanischen Politik und den Anschlägen gebe, ganz unrhetorisch antwortete:

»Eindeutig. Wichtiger als zu fragen, wer für den Anschlag verantwortlich ist, ist die Frage, warum er geschah. Was hier geschehen ist, kann als eine Etappe des Klassenkampfes bezeichnet werden.«

Ein wenig inkonsequent war es dann schon, daß er die Klassenkämpfer dennoch vor ein Gericht bringen möchte, allerdings geknüpft an viele Wenn und Aber:

»Nur braucht es dafür keinen Militärschlag, der Unbeteiligte tötet. Es genügt eine Polizeiaktion, die an eng begrenzte Befugnisse gekoppelt ist. Zunächst müßte ein weltweit anerkannter Gerichtshof über deren Einsatz entscheiden. Diese Aufgabe könnte der Internationale Gerichtshof in Den Haag übernehmen. Dort müßten auch die vorliegenden Beweise gegen die mutmaßlichen Terroristen geprüft werden. Wenn sie ausreichen, kann eine Polizeiaktion gestartet werden. Nach ihrer Festnahme müssen die Beschuldigten ... ein rechtsstaatliches Verfahren erhalten. Verurteilung im Falle eines Schuldspruchs, Freispruch, wenn die Beweise nicht ausreichen.«

Viel einfacher und schöner noch als eine Polizeiaktion wäre es, wenn Osama bin Laden sich freiwillig stellen und ein Geständnis ablegen würde, denn die Video-Botschaften des al-Kaida-Führers dürften wahrscheinlich nicht alle Zweifel ausräumen. Wie Gysi und viele andere Friedensfreunde, die sich ihrerseits auf den berühmten Friedensforscher berufen, plädiert auch Galtung für eine »Polizeiaktion«, wohl wissend, daß sie nicht durchführbar ist. Was passiert, wenn die Polizeitruppe, ausgerüstet mit dem Segen eines Internationalen Gerichtshofes, an der Grenze einfach abgewiesen wird? Für den Fall hätte Galtung noch eine tolle Idee: »Das Gerede von ›Heiligen Kriegen‹ müßte aufhören. Es verrät nur, daß beide Seiten relativ irrational vorgehen, sich von Ängsten dominieren lassen.« Wobei bei den Amerikanern noch ein irrer Hochmut dazukommt, der eine Lösung des Konflikts erschwert:

»Die Amerikaner meinen, sie stünden an der Spitze der Weltordnung, ganz in der Nähe von Gott. Sie sind ein Gott-betrunkenes Volk, ihre Elite macht dementsprechend Außenpolitik.«

Ganz anders dagegen Osama bin Laden, der mit Gott nicht verwandt ist, dafür aber einen Groll in seinem Herzen trägt, den Galtung nachvollziehen kann.

»Bin Laden nimmt offenbar massiv Anstoß daran, daß amerikanische Truppen in Saudi-Arabien, im Land der Heiligen Stätten von Mekka und Medina, stationiert sind. Ich glaube, wir müssen verstehen, daß die US-Präsenz in Saudi-Arabien viele Muslime in ihren Gefühlen verletzt. Die logische Forderung wäre: Diese Truppen sollten Saudi-Arabien verlassen.«

Ist die Haltung der Muslime gegenüber den Amerikanern nicht ziemlich fremdenfeindlich? Was passiert, wenn Osama bin Laden, nach einem Abzug der Amerikaner aus Saudi-Arabien, wieder mal massiv Anstoß nimmt – an der Anwesenheit europäischer Touristen in Ägypten? Oder an japanischen Transistorradios im Jemen? Friedensforscher Galtung würde auch diese Forderungen legitim finden und dazu raten, ihnen nachzugeben, so wie er heute dazu rät, »globalisierungsfreie Zonen« einzuführen, Reservate ohne Cola, Sony und Siemens, deren Einwohner natürlichen Handel treiben können, ohne Gewinnmaximierung und Kosten-Nutzen-Denken und ohne sich über die US-Präsenz in Saudi-Arabien aufregen zu müssen.

Bald wird Johan Galtung wieder in der Versenkung besserer Tage verschwinden, um beim nächsten Konflikt wieder aufzutauchen, zu einem weiteren »Dschihad« für den Frieden in den deutschen Medien, was ja, korrekt übersetzt, nicht »eine Anstrengung für die Lehre« bedeutet, sondern »Glaube versetzt Berge«. Wie die Börsenanalysten, die auch jeden Absturz der Kurse schadlos überleben.

KEIN KRIEG, NUR EIN VERBRECHEN:
EINE SACHE DER POLIZEI

Drei Tage, nachdem die Taliban-Truppen aus Kabul vertrieben worden sind, debattiert der Bundestag die Entsendung deutscher Truppen in das Krisengebiet. Der Kanzler stellt die Vertrauensfrage. Der Chef der Grünen, Fritz Kuhn, sagt, seine Partei sei über die »Entwicklung in Afghanistan sehr zufrieden«, nun könnten auch die grünen Abgeordneten, die gegen den deutschen Einsatz waren, dafür stimmen. Das Feuer ist fast gelöscht, jetzt kann die Feuerwehr ausrücken.

Blöde dabei ist nur: Das Taliban-Regime hat so schnell aufgegeben, daß die deutschen Friedensfreunde es kaum mitbekommen haben. Noch am Montag, dem 12. November, erschien in der *taz* ein Kommentar, in dem es hieß, so »bedauerlich der Tod von 7.000 Menschen in New York« auch sei, »gemessen an dem, was sonst noch geschieht auf der Welt, handelt es sich vergleichsweise um eine Lappalie«. Nur zwei Tage später, am Mittwoch, dem 14. November, konnte man dann in der *taz* eine launige Glosse (»new york: endlich befreit«) lesen, in der es darum ging, wie sich das Leben in New York nach dem Einmarsch der Taliban verändert hatte. »Die Polizisten tragen schwarze Turbane ... Radio New York schickt zum ersten Mal seit Jahrhunderten Koranrezitationen über den Äther.«

Der deutsche Humor kennt keine Grenzen. Etwa 160 »desillusionierte Intellektuelle und Wissenschaftler rechnen mit der rot-grünen Politik ab und empfehlen ein umfassendes Umsteuern«, heißt es in der *FR* am 13. November. Wollen die »bekannten Autoren, Künstler, Kirchenvertreter, Gewerkschafter und SPD-Anhänger« (*ND*) von der Regierung wissen, warum es so lange gedauert hat, bis den Worten von der »uneingeschränkten Solidarität« Taten folgten? Nicht unbedingt. Die desillusionierten Intellektuellen, unter der Führung des Grafikers Klaus Staeck und des PEN-Generalsekretärs Johano Strasser, warnen vor einem »Weg in die Barbarei« durch eine »völlige Ökonomisierung« der Gesellschaft: »Wo die ökonomischen Erfolgskriterien des globalisierten Kapitalismus zu den Leitwerten der Gesellschaft werden, droht ein Totalitarismus neuer Art: der menschenverachtende Ökonomismus.«

Wie ein menschenfreundlicher Ökonomismus ohne globalisierten Kapitalismus aussehen könnte, das macht Klaus Staeck auf seiner Homepage klar, wo er neben der Abrechnung mit der rot-grünen Politik allerlei selbstgemachten Schnickschnack zum Kauf anbietet, Postkarten und Plakate für eine bessere Welt. Sein Mitstreiter Johano Strasser, zuletzt mit dem Gedichtband »Bei Regen über Regen reden« aufgefallen, macht auch in Geschichte, global und total. »Die Bush-Regierung«, sagt er in einem Interview, habe »am wenigsten das Recht, festzuschreiben, was ›amerikanisch‹ sei«, er, Johano Strasser, kann das viel besser: »Wir dürfen die USA nicht um die gerade jetzt nötige Kritik betrügen. Man darf Freunde nicht in Irrtümer hineinschliddern lassen«, denn: »Im Moment läuft alles schief. Die Eigenlogik des Militärischen treibt in die Eskalation hinein. Was täglich in Afghanistan geschieht, wird dazu beitragen, die nächste Generation von Terroristen zu erzeugen. Dem müssen wir als Europäer dringend gegensteuern.«

Und wo der Generalsekretär des PEN schon dabei ist, die Amerikaner vor fatalen Irrtümern zu bewahren, da spricht er auch in einem anderen Konflikt ein klärendes Wort:

»Nicht nur auf der palästinensischen, auch auf der israelischen Seite gibt es Fundamentalismus und Terrorismus. Sharon betreibt eine verbrecherische Politik, ist selber ein Terrorist. Die jüdischen Siedlungen auf palästinensischem Gebiet müssen weg und die Fundamentalisten Israels an die kurze Leine genommen werden. Vergessen wir nicht, daß deren Geldgeber in den USA sitzen.«

Jawoll, Kamerad Strasser, wir stellen Sharon vor ein Kriegsverbrechertribunal, nehmen die jüdischen Fundis an die Leine und schneiden ihnen die Geldzufuhr ab. Dann wird alles wieder gut.

»Was am 11. September geschah, war ein Verbrechen«, sagt Antje Vollmer, »in gigantischem und hochsymbolischem Ausmaß. Aber es war ein Verbrechen, das nach den Kategorien von Verbrechen aufzuklären und nach den Kategorien von Verbrechen zu bekämpfen ist.«

Sie findet die Formel »Krieg gegen den Terrorismus« unangemessen, im Krieg kommen Soldaten zum Einsatz, bei einem Verbrechen Polizisten und Kriminalbeamte. Und während Antje Vollmer über den fundamentalen Unterschied zwischen Krieg und Verbrechen sinniert, sitzt Osama bin Laden in seinem Versteck und nimmt ein neues Video auf. »Falls die Rache für die Tötung unserer Menschen Terrorismus bedeutet, dann soll die Geschichte bezeugen, daß wir Terroristen sind.«

Das World Trade Center sei ein »legitimes Ziel« gewesen, die bei dem Anschlag getöteten Menschen seien »keine Zivilisten«, sondern »Unterstützer des amerikanischen Systems«. Zerstört wurden »nicht nur die Türme, sondern die Festungen der Moral in diesem Land«. Es sei zudem »oberste Priorität, Juden zu töten«.

Osama bin Laden unterscheidet nicht zwischen tatsächlichen Zielen und symbolischen Zielen, er differenziert nicht so sensibel zwischen Krieg und Verbrechen, wie Antje Vollmer es tut, und er würde sicher interessiert aufhorchen, wenn er hören könnte, was Friedrich Schorlemmer so einfällt, wenn er über Terrorismus nachdenkt.

»Wenn auf dem Marktplatz ein Terrorist mit einer Handgranate stünde und man sicher sein könnte, daß es sich um keine Attrappe handelt und daß dieser Terrorist damit Ernst machen könnte oder gar schon damit Ernst gemacht hat, mitten auf einem Marktplatz eine Handgranate zu zünden, so ist der Staat dazu verpflichtet, all seine Mittel einzusetzen, diesen Gewaltverbrecher gewaltsam auszuschalten. Wenn keine anderen Mittel verfügbar sind, um die den Terroristen umgebenden Menschen zu schützen. Konkret: In einem solchen Falle sollten Scharfschützen den Täter treffen. Sie müssen dabei in Kauf nehmen, daß Täter ohne ein Gerichtsurteil getötet werden und daß Umherstehende unbeabsichtigt in Mitleidenschaft gezogen werden. Sie sind indes verpflichtet, dies zum Schutz der anderen Bürger zu wagen ...«

So hätte man es sicher in Wittenberg gemacht, wenn dort ein Terrorist mit einer Handgranate in der Hand auf dem Marktplatz stünde, wenn man sicher sein könnte, daß es sich weder bei dem Terroristen noch bei der Handgranate um eine Attrappe handelt, und wenn gerade ein Scharfschütze mit einem Gewehr im Kofferraum seines Ford Fiesta vorbeirollen würde. Und wenn Schorlemmer in der Nähe wäre, um dem Mann moralischen Beistand zu leisten.

Auf Afghanistan bezogen, so Schorlemmer weiter, hätte man alles unternehmen müssen, um »punktgenauer mit Mitteln der Geheimdienste und anderer Erforschungsmethoden ausfindig zu machen, wo sich der verantwortliche Kopf der Terroristen aufhält ... Genausowenig, wie in Kabul gegenwärtig Bin Laden getroffen wird, wurden in Dresden Hitler getroffen oder in Hiroshima die politisch Verantwortlichen Japans«.

Auch der grüne Abgeordnete Christian Ströbele ist dafür, »daß man Bin Laden und seine al-Kaida vor ein Gericht stellt und auch mit Gewalt vorgeht, wenn er nicht willig ist«, aber nur mit einer gezielten polizeiartigen Aktion,

»wie die Grünen das als pazifistische Partei gefordert haben«.

Was wäre das für eine Riesenhatz gewesen, wenn eine Polizeitruppe in die afghanischen Berge aufgebrochen wäre, auf der Suche nach Osama bin Laden, fest entschlossen, sanfte Gewalt anzuwenden, wenn er nicht willig ist. Als letztes Argument hätten die Kommandanten der Truppe nicht ihre Waffen, sondern eine Bestätigung gezogen, daß sie in Übereinstimmung mit den pazifistischen Grundsätzen der deutschen Grünen und Ströbeles Empfehlungen handeln. Das hätte Osma bin Laden dann endgültig dazu gebracht, sein Versteck zu verlassen und sich zu ergeben. Unter diesem Druck wäre wohl jeder willig geworden.

Polizeiaktion hin, Pazifismus her – es geht um etwas anderes. Schorlemmers Verweis auf Hiroshima und Dresden, den man auch bei anderen Kombattanten der Debatte immer wieder findet, bringt uns auf die richtige Spur. Die Deutschen halten sich für die ewigen Opfer der Geschichte und solidarisieren sich deswegen gerne mit den Opfern von Gewalt. Aber die eigentlichen Opfer sind und bleiben die Deutschen. »Keine Bomben auf Kabul« heißt im historischen Kontext: »Dresden hätte nicht bombardiert werden dürfen«. Es gilt, das Bombardement von damals zu delegitimieren, indem man das von heute für illegal, nutzlos, sinnlos, ja: kontraproduktiv erklärt, was schon deswegen ganz leichtfällt, weil die Bombenwerfer damals wie heute die gleichen sind: Amerikaner und Briten.

Ganz so platt mag man es nicht sagen, also müssen

Marktplatz-Metaphern herhalten, die eine Polizeiaktion begründen. Ein bißchen Gewalt darf schon sein, aber nur im Rahmen pazifistischer Grundsätze.

Einer freilich sagt wirklich, worum es geht, Oskar Lafontaine. »Kämpfen wir mit, richtet sich der Haß auch gegen uns, und wir holen den Terror ins eigene Land.«

Soll heißen: Kämpfen wir nicht mit, bleiben wir verschont. Solange es nur die Amerikaner erwischt, müssen wir uns um unsere Sicherheit keine Sorgen machen. Wir trinken weiter unseren Soave in der Toskana und denken über die Zukunft des Sozialismus in der Welt nach. Natürlich bedauern wir den Tod unschuldiger Menschen, aber erstens wissen wir nicht, ob sie alle unschuldig waren, und zweitens heißt es doch auch: Wer sich in Gefahr begibt, kommt darin um. Hochhäuser sind nun mal gefährlicher als Reihenhäuser in Saarlouis. Und vielleicht kapieren die Amis doch noch, daß es nicht richtig war, Dresden zu bombardieren. Jetzt, da sie zum ersten Mal das gleiche Schicksal erleben.

GERECHTIGKEIT FÜR ALLE:
RAN AN DIE WURZELN

Es ist wie bei einem sonntäglichen Spaziergang durch den Grunewald. Man tritt alle paar Meter in einen Haufen Hundekacke. Der einzige Unterschied ist nur, daß in jedem Haufen ein Fähnchen mit der Adresse des Lieferanten steckt. So sind alle Haufen gleich, aber jeder hat seine besondere Note.

Das Komitee für Grundrechte und Demokratie e.V. in Köln, ein anerkannter Haufen linker Oppositioneller unter der Führung zweier Professoren, gibt eine Erklärung zum 11. September ab. Da heißt es:

»Die terroristischen Akte am 11.9.2001 gegen das World Trade Center in New York und gegen das Pentagon in Washington, D. C., sind schlimm an sich selber ...« Diese Akte »können in ihren Folgen und vor allem den Folgerungen, die daraus gezogen werden, noch schlimmer wirken. Dies ist kaum vorstellbar und dennoch vorzustellen. Deshalb melden wir uns, indem wir uns mit unseren Bedenken den Besorgnissen anderer zugesellen.«

Kameraden, Genossen und Gesellen! Bevor ihr weiter-
macht, sagt uns bitte, bei welchem Goethe-Institut habt
ihr Deutsch gelernt? Oder ist es kein Deutsch, das ihr
sprecht, sondern eine kirgisische Gebrauchsanweisung
für ein ukrainisches Vidcogerät, die ins Rheinische übersetzt wurde?

»Menschenrechtlich demokratisch angemessene Reaktionen bestehen in ursachengenauer Analyse dessen, was in
diesem Terrorakt zum Ausdruck kommt, in der die Men-
schen- und Bürgerrechte aller achtenden Fahndung nach
den Tätern und in menschenrechtlich legitimierbaren
Strafen mit Augenmaß. Auch staatlich formell legitimierte
Gegengewalt, dazuhin pauschalen Umfangs, ist nicht zu
rechtfertigen.«

Kein Wunder, daß es mit den Grundrechten und der
Demokratie nicht vorangeht, wenn ihr so redet, daß euch
nur die Mitglieder eures eigenen e. V. verstehen können.

»... das Elend der Welt, an sich selber gewaltsam, sorgt
dauernd für gewalttätige Auseinandersetzungen. Diese
finden zumeist unter den Armen und den Ärmsten der
Armen selbst statt ... Darüber hinaus stauen Ungleichhei-
ten in Wohlstand, in Verfügungsmacht und Selbstbestim-
mung Aggressionen nach gesellschaftsinnen, jedoch auch
nach außen zu anderen Gesellschaften hin. Bis sie ab und
an explodieren.«

Und dann macht es bumm-bumm, zwei Wolkenkratzer stürzen ein, und das Komitee für Grundrechte und Demokratie sagt, was Sache ist:

»Hier liegt das Rhodos, wo die Regierung der USA, wo die Regierungen der anderen Natostaaten einschließlich ihrer dominanten Interessengruppen und einschließlich von uns allen ›springen‹, sprich, nicht Geringes leisten müssen.«

Wir müssen jetzt auch springen, denn der nächste Haufen liegt im Weg. Es ist die »Erklärung der GEW zu den Terrorakten in den USA: Wurzeln des Terrors bekämpfen – statt militärischer Vergeltung«. Die »Täter und Drahtzieher des Attentats« müssen »mit allen rechtsstaatlichen Mitteln zur Verantwortung gezogen« werden. »Als PädagogInnen, WissenschaftlerInnen und GewerkschafterInnen lehnen wir jeden Bruch des Völkerrechts und die Mißachtung rechtsstaatlicher Prinzipien ab«, vor allem aber wollen »wir die Frage beantworten, ob die westliche Wohlstands- und Konsumgesellschaft noch global sozial und umweltverträglich ist und wie die Kluft zwischen Industriestaaten und Entwicklungsländern verringert werden kann. Die Kritik an der Politik der USA und der NATO darf in diesem Zusammenhang nicht tabuisiert oder diffamiert werden.«
Und falls wir dahingehend befinden, daß die westliche Wohlstands- und Konsumgesellschaft global nicht umweltverträglich ist, werden wir auf der nächsten GEW-Jahrestagung der Umwelt zuliebe die Auflösung der west-

lichen Wohlstands- und Konsumgesellschaft fordern, aber erst, nachdem wir die 30-Stunden-Woche bei vollem Lohnausgleich durchgesetzt haben. Denn: »Nur eine gerechte Weltordnung – nach innen und nach außen – kann dem Terrorismus den Boden entziehen.«

Die PädagogInnen, WissenschaftlerInnen und GewerkschafterInnen der Gewerkschaft Erziehung und Wissenschaft wissen sich in ihrem Kampf für eine gerechte Weltordnung – nach innen und außen! – einig mit den Mitgliedern der »Aktion für mehr Demokratie«, die ihrem Haufen einen Namen gegeben haben: »Die Zeit ist reif!« – reif für Reformen, denn »so wichtig ... Terrorismusbekämpfung und Sicherheitsvorkehrungen« auch sein mögen, sie »dürfen nicht zum vorrangigen Thema aller Politik werden – zumal, wenn sie die Ursachen von Unfrieden und Gewalt unberührt lassen. Was not tut, sind Reformen, national wie international!«
Natürlich muß auch der Terrorismus bekämpft werden, und zwar am besten so: »Wir sind der Meinung, daß die auf Dauer wirksamste Terrorismusbekämpfung in einer Politik besteht, die sich der Achtung von fremden Kulturen verpflichtet weiß, die Fairness in den Beziehungen zwischen den armen und reichen Ländern anstrebt und entschlossen Armut und Unterdrückung bekämpft.«

So genau wollten wir es gar nicht wissen, deswegen sind wir froh, daß der nächste Haufen eine etwas allgemeinere Botschaft verkündet: »Wer wissen will, was die Eskalation eines Verbrechens zum Krieg bedeutet, sollte sich an den

Beginn des Ersten Weltkrieges erinnern, der unendliches Leid über die Menschheit gebracht hat.«

Hier spricht die Gustav Heinemann-Initiative, die Humanistische Union, das Komitee für Grundrechte und Demokratie, die Initiative Pro Asyl, der Republikanische Anwältinnen- und Anwälteverein und die Vereinigung Demokratischer Juristinnen und Juristen mit einer Stimme beziehungsweise aus einem Haufen.

»Ebenso wichtig wie die Suche nach Mitschuldigen ist die Frage nach den Ursachen von Haß, religiösem Fanatismus und darauf basierender Gewalt. Wer solche Verbrechen verhindern will, muß weltweit für mehr soziale Gerechtigkeit sorgen. Solange die reichen Industriestaaten mit erheblicher struktureller, vor allem wirtschaftlicher, oft auch mit direkter Gewalt verhindern, daß den hungernden und verhungernden Millionen in armen Ländern geholfen wird, düngen sie selbst den Boden, aus dem Haß, Fanatismus und blindwütige Gewalt hervorgehen ... Wir wollen Gerechtigkeit statt Rache und weltweite Hilfe statt Krieg gegen die Armen.«

Spätestens nach diesem Haufen wird uns klar: Es muß einen Katalog für Resolutionen nach Terroranschlägen geben. In leichten Fällen mit bis zu fünf Toten distanzieren wir uns von der Tat und fordern, die Täter mit aller Härte des Gesetzes zu bestrafen. In mittelschweren Fällen mit, sagen wir, bis zu einhundert Toten wollen wir die Einsetzung einer Untersuchungskommission, und ab einhundert Toten rufen wir nach mehr sozialer Gerechtigkeit, weisen auf die strukturelle Gewalt hin und verlangen, Armut und Unterdrückung zu bekämpfen, um die Ursachen der Gewalt weltweit abzuschaffen. Bei 3.000 Toten heben wir dann vollkommen ab und geloben »Achtung vor fremden Kulturen«, deren Angehörige an unserer Kultur am meisten schätzen, daß ihre Spielregeln sogar Massenmord als eine Form soziokulturellen Protestes anerkennen, wenn die Täter entweder aus Problemfamilien oder problembehafteten Regionen kommen.

Der nächste Haufen ist in einen Offenen Brief verpackt, den die Vereinigung Deutscher Wissenschaftler e. V. an Kanzler Schröder geschrieben hat. Auch hier heißt es, es sei friedlichem Zusammenleben nicht förderlich, »Menschen aus bestimmten Regionen einem Generalverdacht auszusetzen und auszugrenzen«, man müsse vielmehr den »Dialog der Kulturen« pflegen und natürlich die Ursachen angehen:

»Sicherheit und Frieden sind auf Dauer nur zu gewinnen, wenn die verheerende, Gesellschaften und Kontinente durchschneidende Spaltung in Globalisierungsgewinner und Globalisierungsverlierer mit all ihren destabilisierenden ökonomischen, sozialen und kulturellen Folgen abgebaut wird ...« Dabei dürfe man auch »den rücksichtslosen Fundamentalismus« nicht übersehen. Allerdings: gemeint ist nicht der Fundamentalismus der heiligen Krieger, sondern der »einer neoliberalen Politik, die ... nicht in der Lage ist, Menschenrechte, Frieden und Sicherheit herzustellen und zu bewahren«.

Jetzt reicht es uns langsam. Fürs erste wären wir schon froh, wenn die neoliberale Politik wenigstens dazu führen würde, daß die Hundehaufen zur Seite geräumt werden. Statt dessen liegt mitten im Weg noch einer, ein »Diskussionspapier«, zurückgelassen ausgerechnet von der Gewerkschaft Vereinigte Dienstleistungen, ver.di genannt:

»Die Bedrohung durch eine neue Form des Terrors, aber auch durch eine neue Kriegsgefahr, muß uns als Gewerkschaften, die wir unsere Lektion aus der Geschichte gelernt haben, auf den Plan rufen.«

Was haben die Gewerkschaften aus der Geschichte gelernt? Daß es »ArbeitnehmerInnen« sind, die es als erste erwischt, und daß man »TäterInnen« schreiben muß, um Killer-Frauen, falls es welche gibt, nicht auszugrenzen. Aber auch, daß es »eine klassenübergreifende Betroffenheit angesichts solcher Ereignisse gibt, die ein stückweit gemeinsam verarbeitet wird«.

Kaum ist die klassenübergreifende Betroffenheit abgearbeitet, kommen die Gewerkschaften, die ja ihre Lektion aus der Geschichte gelernt haben, und fordern »eine rechtsstaatlich ausgerichtete, aber konsequente Nutzung aller Mittel der Strafverfolgung«, um »der TäterInnen und MittäterInnen habhaft zu werden«; was es nicht geben dürfe, das sind »willkürliche militärische Vergeltungsmaßnahmen gegen mutmaßliche TäterInnen oder UnterstützerInnen«.

Auch den ver.di-Leuten geht es darum, den Terrorismus

»langfristig und grundsätzlich« einzudämmen, und das geht nur, »wenn seine Ursachen bekämpft werden«. Das bedeutet: »Eine gerechtere Weltwirtschaftsordnung, die das Einkommensgefälle zwischen Arm und Reich zwischen den und innerhalb der Volkswirtschaften verringert, die Schluß damit macht, daß der Wohlstand der einen ... auf Kosten der anderen geht ...«

Unter dem großen ver.di-Haufen liegt die Erkenntnis versteckt, daß die Herstellung einer »gerechteren Weltwirtschaftsordnung« auch auf Kosten der organisierten Arbeitnehmer gehen könnte, die vom Einkommensgefälle zwischen Arm und Reich profitieren. Da haben die Gewerkschaften, die nicht einmal in der Lage sind, für eine gerechte Verteilung der Arbeit in ihren eigenen Tarifbezirken zu sorgen, ein globales Problem entdeckt, das »ein stückweit« auf sie selbst zielt:

»Den Gewerkschaften ... stellt sich ... die Frage, ob sie bereit und in der Lage sind, eine Umorientierung (nicht Absenkung) der westlichen Wohlstands- und Konsumkultur, die weit in ArbeitnehmerInnenmilieus hineinreicht, im Sinne einer globalen Sozial- und Umweltverträglichkeit mitzutragen, ob sie zum Beispiel bereit sind, die Agrarwende (Reduzierung Fleischkonsum, Verteuerungen), eine Umorientierung in der Verkehrspolitik (Stichwort IAA/ Autokultur/Massentourismus) zu unterstützen.«

Konkret: Ob man in den gewerkschaftlich organisierten »ArbeitnehmerInnenmilieus« willens ist, mehr für Fleisch und Benzin zu bezahlen beziehungsweise weniger Schnitzel zu essen und seltener das eigene Auto zu benutzen. Um eine gerechtere Weltwirtschaftsordnung herzustellen und den Terrorismus einzudämmen.

Die Gewerkschafter ahnen, daß sie in einer Lage wie die Flugzeugentführer sind: Fliegen können sie prima, nur wissen sie nicht, wie sie landen sollen. Um einen Crash zu vermeiden und dennoch einen »spezifischen Beitrag ... zu mehr globaler Gerechtigkeit, weniger Verwerfungen und weniger Terrorismus« zu leisten, schlagen die ver.di-Leute vor, »daß die Gewerkschaften sich aus ihren nationalen Handlungsbegrenzungen lösen, sich mental, organisations- und tarifpolitisch dem Thema Globalisierung öffnen und selbst zu Global Playern werden«.

Wenn die ver.di-Leute demnächst statt nach Paderborn nach New York jetten, um als Global Player im Dienste einer globalen Umweltverträglichkeit an weltumspannenden Tarifverhandlungen teilzunehmen, dann müssen sie nur aufpassen, daß sie nicht in ein Flugzeug steigen, das von Leuten gelenkt wird, die zwar keinen Pilotenschein, dafür aber das richtige globale Bewußtsein haben. Und eine neue Verkehrspolitik praktizieren, die der Autokultur adieu sagt und den Massentourismus auf einen großen Haufen befördert.

EINE IRONIE DER GESCHICHTE:
MIT PROMIS IN DEN FRIEDEN

Am 27. September 2001, also achtzehn Tage nach den Anschlägen von New York und Washington, teilte der Chefredakteur des *stern*, Andreas Petzold, in seinem Editorial (»Kampf gegen den unsichtbaren Feind«) dem lieben *stern*-Leser und dem Rest der Welt mit, wer die Taliban sind und was gegen sie unternommen werden müßte:

»Es geht darum, jene Monster im Schattenreich des Terrors zu identifizieren, die den Tod Tausender Menschen ersonnen haben und ohne Skrupel die nächste Stufe des Grauens nähmen, bis hin zum Massenmord mit biologischen Waffen ... Die Taliban und die von ihnen gestützten Terroristen streben nichts weniger als die Weltherrschaft an – im Auftrag Gottes. Sie sind menschliche Zeitbomben, gegen die auf lange Sicht nur konzertiertes, solidarisches Handeln hilft.«

Das waren klare Worte aus der Chefetage der großen Hamburger Illustrierten. Daß man den Taliban nicht nur konzertiert und solidarisch auf die Terrorfinger schlagen, sondern sich auch um die Zeit danach kümmern müßte, machte der *stern* klar, indem er in derselben Ausgabe eine

»Große Serie« startete: »Alles über die neue Rente«. Doch da war eine menschliche Zeitbombe, die bis dahin unbemerkt in der Redaktion getickt hatte, schon explodiert. *Stern*-Autor Heinrich Jaenecke hatte einen »Essay« über den »Terror-Krieg« geschrieben, über einen »Kreuzzug ins Leere«, der zwar noch nicht begonnen hatte, aber irgendwie schon in vollem Gange war.

»Die größte Militärmacht der Erde, gedemütigt und zugleich berauscht von sich selbst, bricht auf zu einem Feldzug ins Leere, gegen einen unsichtbaren Feind – ein gepanzerter Riese unter tückischen Zwergen, oder: Napoleon auf dem Marsch nach Moskau. Über Nacht sind wir zu Geiseln in einem kafkaesken Drama geworden. Wir wissen nur, wir können nicht aussteigen. Die Regie läßt es nicht zu. Wir sind dazu verurteilt, mitzuspielen.« Derweil »breitet sich im Volk das lähmende Gefühl aus, einem Verhängnis ausgeliefert zu sein, das sich wie eine schwarze Wolke über unser Leben gesenkt hat«.

Während das Verhängnis den *stern*-Essayisten Heinrich Jaenecke kalt erwischt hatte, waren die Amis auf die Schicksalswolke wenigstens gut vorbereitet gewesen: »Die Attentäter machten wahr, was Hollywood uns vorgespielt hatte.« Nun, nach der »Zerstörung des feindlichen Götzentempels« schwebte dort, wo früher die Twin Towers standen, eine Frage über der Leerstelle: »Woher kommt dieser mörderische Haß? Irgendwann wird sich Amerika diese Frage stellen müssen, wenn es der Wahrheit näher kommen will.«

Jaenecke weiß die Antwort und behält sein Wissen nicht für sich.

»Dem totalitären Selbstbildnis Amerikas steht spiegelbildlich der gleiche Wahn auf der anderen Seite gegenüber. Die Massen in den islamischen Ländern – und keineswegs nur die Massen, sondern die Mehrheit der religiösen und intellektuellen Elite – sehen in den USA die Inkarnation des Bösen: gottlos, gewalttätig, moralisch verkommen, machtlüstern, geleitet von krudem Materialismus und skrupellosem Egoismus – eine Bedrohung von Tradition und Sitte, ein Angriff auf die Identität der islamischen Völker und Länder.«

Könnte es sein, daß es nicht die islamischen Massen und deren Eliten sind, die in den USA die Inkarnation des Bösen sehen, sondern Jaenecke, der sich hinter den Massen versteckt, um irgendeine persönliche Rechnung zu begleichen?

»So richtet sich der Haß des islamischen Fundamentalismus gegen Amerika als solches, gegen seine ganze Daseinsweise, seine Selbstherrlichkeit, seinen Machtanspruch, seinen Hochmut.«

Was haben die Amis dem Essayisten Jaenecke nur angetan? Ihm die Einreise verweigert oder ein McDonald's vor sein Wochenendhaus gesetzt? Ebenso wie die islamischen Massen, auf die er sich beruft, scheint auch er tief gekränkt. Er kann die Kinder der Immigranten verstehen, die auf der Suche nach »Geborgenheit und Identität«, die sie im »deutschen Umfeld« nicht finden, »zu den traditionellen Normen ihrer Eltern zurückkehren«. Ja, es muß an uns liegen, daß »die Fiktion vom ›Global Village‹ ... mit den Türmen am Hudson River zusammengebrochen« ist. Und aus den rauchenden Trümmern ertönt eine Stimme der Vernunft, wir dürfen nicht »in diese Falle« tappen und die Gräben vertiefen: »Fragen wir uns lieber, was unser Anteil an dem Drama ist. Hören wir endlich auf, dem Rest der Welt unser ›Modell‹ aufzudrücken, das so paradiesisch ja nicht ist ... Beklagen wir nicht selbst die Kälte und Skrupellosigkeit unserer Gesellschaft? Leiden wir nicht selbst unter der Auflösung aller Bindungen und Traditionen?«

So klagt einer, der jeden Tag in seine Schreibzelle im Gruner-&-Jahr-Haus an der Elbe geht, wahrscheinlich abends bei Paolino an der Alster seinen Lachs bestellt, vor dem Einschlafen kurz überlegt, ob er Infineon abstoßen soll, und gleich nach dem Aufwachen ein kurzes und heftiges Bedürfnis nach Bindungen und Traditionen verspürt, das er nicht ausleben kann. Und eines Tages, plötzlich und unerwartet, passiert etwas Dramatisches in seinem Leben. Die Twin Towers in New York, das »Wahrzeichen amerikanischer Weltherrschaft«, wurden platt gemacht. Wie machtvoll muß die Macht sein, die so eine Tat vollbringen konnte? Wenn man nicht selber als nächster platt gemacht werden möchte, muß man rechtzeitig die nötigen Maßnahmen einleiten. Indem man erstens die Selbstherrlichkeit und den Hochmut der geschlagenen Macht denunziert, die das Unglück auf sich gezogen hat, und sich zweitens der überlegenen Macht als nützlicher Interpret andient: Ich weiß es und ich sage euch, warum ihr gar nicht anders handeln könnt.

Es ist eine Form der Rückversicherung, die da abgeschlossen wird, wenn auch ohne die Signatur eines Partners. Man kann nur hoffen, daß der die einseitige Erklärung als bedingungslose Kapitulation schon vor dem Ausbruch des Krieges akzeptiert und das Wohlverhalten honoriert.

Obwohl der Krieg eigentlich längst angefangen hat, am 11. September in New York. Aber das war ja nur ein Angriff auf die Symbole der westlichen Zivilisation, ein Akt der Notwehr der Dritten Welt gegen die Erste, ein Protest der Gedemütigten und Gekränkten, wie wir seitdem ununterbrochen hören. Die Schuld liegt bei uns, jetzt heißt es: die Ursachen analysieren, die Entwicklungshilfe aufstocken und im übrigen: abrüsten und abwarten.

»Ich bin der Auffassung, daß Terrorismus sich nicht militärisch bekämpfen läßt«, sagt Antje Vollmer. Der militante Fundamentalismus auch nicht. »Das Problem des Fundamentalismus im Islam kann nur aus dem Islam selbst heraus gelöst werden. Der Westen besitzt kulturell dazu keinen Schlüssel. Das müssen wir nüchtern erkennen.«

Die grüne Vizepräsidentin des Bundestages hat sich, wie so viele, ebenfalls darauf spezialisiert, zu erklären wie man den Terror am besten nicht bekämpft und warum die Terroristen arme Schweine sind. Die islamische Welt habe ein »Ur-Trauma« – es ist der Palästina-Konflikt. Wenn man sich fragt: »Was sind die Ursachen der Krise?«, kommt man zu dem Ergebnis: »Das ist ein Zusammenspiel aus dem ewigen Nahost-Konflikt, dem Verlust alter Ordnungsmuster, der Armut, Destabilisierung oder Demütigung ganzer Kulturen und Regionen.«

Es habe »fünfzehn bis zwanzig Jahre gedauert, bis es zu dieser Eskalation kam, die am 11. September ihr Gesicht zeigte«, es werde »vermutlich mindestens genauso lange dauern, bis man das wieder im Griff hat, selbst wenn man alles richtig macht«.

Was aber wäre das Richtige? Die Wiederherstellung alter Ordnungsmuster? Endlich wird Antje Vollmer konkret, Geopolitik ist ihr Hobby.

»Die islamische Welt muß sich ausdiffcrenzieren. Und sie muß die Chance bekommen, aus sich heraus einen eigenen Pol in der Welt darzustellen, der Gewicht hat. Wir haben den starken amerikanischen Pol, den halbstarken europäischen, den kommenden asiatischen ... Der Islam braucht eine eigene machtpolitische Rolle in der Welt des 21. Jahrhunderts. Er spürt das genau, und weil er es nicht bekommt, entsteht eine zusätzliche Kränkung.«

Wenn das nicht der gute alte Kolonialismus ist, der in achtzig Sekunden um die Welt rast, dann ist es die grüne Politik des globalen Chancenausgleichs. Die islamische Welt braucht keine Demokratisierung, sie braucht mehr Macht, um das »anarchisch-chaotische Machtgefälle« zu beenden, »das sich in dem anarchisch-chaotischen Terror am 11. September ausdrückte«, sagt Antje Vollmer.

Wie man sich klug »ausdifferenziert«, dafür ist die grüne Politikerin selber ein schönes Beispiel. Mit dem Kanzler in Asien unterwegs, kritisierte sie heftig die Politik der uneingeschränkten Solidarität mit den USA der rot-grünen Koalition, deutete daheim an, sie würde gegen den Einsatz der Bundeswehr stimmen, um im letzten Moment doch noch umzufallen und bei der Vertrauensfrage »Ja« zu sagen. Zwei Tage vor der Abstimmung konnte man sie, so ausdifferenziert wie selten, in den Tagesthemen erleben. Denn Kabul war eben von der Nordallianz eingenommen worden, und Antje Vollmer mußte sich nicht mehr zwischen ihrem Gewissen und der politischen Räson entscheiden.

»Es ist wieder so eine besondere Ironie der Geschichte, daß wir jetzt über diese ganzen Fragen abstimmen, wenn die Soldaten, die wir entsenden sollen, vielleicht gar nicht mehr in der Wirklichkeit gebraucht werden. Eine richtige strategische Meisterleistung. Ha, ha, ha.«

Auf die Frage, ob ihr die Entscheidung nun leichter fallen würde, hauchte sie ins Mikrofon: »Ja, weil ich finde, es sind gewisse Absurditäten (ha, ha, ha) entstanden, und da muß man sich einfach ganz nüchtern und rational (kicher) und mit etwas Ironie und Humor und (kicher) überlebenstüchtig verhalten.«

So wurde aus Antje Vollmer eine tüchtige Überlebende des Krieges in Afghanistan, und als sie zwei Tage später für die Entsendung deutscher Truppen stimmte, konnte sie in der Tat von einer absurden Situation profitieren, die nicht ihr Verdienst war. Ohne die amerikanischen Bomben wären die Taliban nicht abgezogen, und Antje Vollmers eigene strategische Meisterleistung, ihr Amt zu retten, ohne ihr Gewissen zu belasten, wäre unvollendet geblieben. Es war »grünes Kriegsgewinnlertum, das sich hier in geradezu schamloser Offenheit« spreizte, schrieb Eckhard Fuhr in der *WELT*.

Es war auch eine Frage des Timings. Einiges mußte aus dem Stehsatz gerettet werden, damit es nicht umsonst geschrieben war. »Der Krieg, der erklärtermaßen jetzt gegen Afghanistan geführt wird, ist ein falscher Krieg, mit falschen Fronten, und trifft zumeist die falschen Leute«, statuierte Stefan Heym im *ND* zwei Tage nach dem Machtwechsel in Kabul. Die Einwohner der Stadt feierten, Heym brachte Bedenken vor.

Eine andere Form der Arbeitsteilung wurde in der *SZ* vorgeführt. Auf Seite drei gab es eine schöne Reportage aus der nordafghanischen Stadt Talokan, wo die Frauen wieder allein aus dem Haus durften und die Männer vor den Friseurläden Schlange standen, um sich die Bärte abnehmen zu lassen. »Wann endet schon ein verhaßtes Regime innerhalb Stunden, wann bricht schon eine religiöse Diktatur wie ein Kartenhaus zusammen, wann endet schon der Terror, ohne daß viele Schüsse fallen, daß Blut in Strömen fließt?« fragte begeistert der *SZ*-Reporter.

Was er vor Ort gesehen hatte, wurde im Feuilleton derselben Ausgabe in die richtige Perspektive gerückt. »Wieso müssen die Deutschen so solidarisch sein, daß sie auf ihre nationale Souveränität nichts mehr geben?« wollte die kritische Kolumnistin wissen und sprach vom »Vasallentum« und dem »Verzicht auf Souveränität«: »Die Bundesregierung nennt es Solidarität, auf dem halben Globus muß es ankommen wie Aftergehorsam.«

Nur ein paar Tage vorher, genauer: einen Tag vor dem plötzlichen Abzug der Taliban aus Kabul, hatte ein anderer Verfechter der neuen nationalen Souveränität durch Abstinenz an derselben Stelle an »Militär-Aktionen« erinnert, die als historische Vorlagen für den geplanten Einsatz der Bundeswehr verstanden werden könnten: Die Niederschlagung des Boxeraufstands in China im Jahr 1900 und den Ausrottungskrieg gegen die Hereros in Deutsch-Südwestafrika im Jahr 1904.

Die Friedensfreunde kämpften an allen Fronten zugleich: Gegen die US-Aggression in Afghanistan, gegen eine mögliche deutsche Beteiligung an der Intervention und – gegen die Wirklichkeit. Sie hatten Furchtbares vorausgesagt: Eine Spirale der Gewalt ohne Ende, ein zweites Vietnam, ein Desaster, wie es die Russen schon mal erlebt hatten, einen Aufstand der Muslime von Djakarta bis Marrakesch, einen Kollaps von Pakistan, einen Atomkrieg zwischen Indien und Pakistan – alles, was im globalen Supermarkt des Schreckens auf den Regalen stand.

Daß sich die Voraussagen nicht erfüllten, brachte die deutschen Friedensfreunde nicht aus der Fassung. Ganz im Gegenteil, wenn die Wirklichkeit eine ganz andere war, dann war es um so schlimmer für die Wirklichkeit. Dann mußte diese eben abgemahnt werden.

»Dieser Krieg wird nicht auf Afghanistan beschränkt bleiben. Wir fürchten, daß dieser Krieg sich zu einem Flä-
chenbrand entwickelt, zur Bildung eines islamisch-funda-
mentalistischen Weltlagers und damit in einen Weltkrieg
führt«, orakelte der Verband deutscher Schriftsteller in
Berlin und Brandenburg in einem Offenen Brief vom
13. November an die Mitglieder des Deutschen Bundestages. »Ein Land wird ausgelöscht, 12 Millionen Menschen
sind bereits auf der Flucht.«
Und die deutschen Schriftsteller in Berlin und Brandenburg waren als Buchhalter des Untergangs mit von der
Partie.

»Rasant ist das Kartenhaus rot-grüner Großmachtträume
eingestürzt, das unter dem Schock des 11. September in
atemberaubender Verkennung der politischen Traditionen des eigenen Landes wie der eigenen Parteien aufge-
türmt worden war«, tobte die *WOCHE* auf ihrer Titelseite
am 16. November. Statt die Ausgabe im letzten Moment
zu makulieren, wurde sie ausgeliefert und glänzte mit
politischen Stilblüten wie dieser: »Rot-grün hing am Flie-
genfänger Washingtons.«
Im Inneren des Blattes wurden »Zehn, hundert Jahre
Krieg« vorausgesagt, es wurde ein algerischer Arzt, der
Kunst sammelt und einen großzügigen Lebenswandel
pflegt, also ein kompetenter Zeuge ist, mit dem Satz zitiert:
»Ich hasse Osama bin Laden. Am meisten aber hasse ich
euch, weil ihr uns zwingt, ihn zu lieben.« Paul McCarthy,
angeblich »Amerikas berühmtester ... Performance-Künst-
ler«, repräsentierte – obwohl genau genommen Brite –

das andere, das bessere Amerika (»Meine Haltung ist, wir hätten nicht zurückschlagen sollen.«). Der katholische Militärbischof Walter Mixa bekannte, viel wichtiger als die militärische Gewaltanwendung sei »der Einsatz für Gerechtigkeit unter den reichen und armen Völkern sowie ein Dialog zwischen den Vertretern von Politik, Wirtschaft und der Religionen«. Und der immer alternative Christoph Schlingensief (»Tötet Helmut Kohl!«) verriet ein Geheimnis: »Fischer, Schröder, Merkel, Westerwelle, Blair, Bush usw. ziehen persönlichen Profit aus der Sache, reden aber von Gemeinschaft ... Die Grünen sind süchtig nach Flugbereitschaft und UN-Empfängen, und Deutschland, Europa, die Welt haben Angst.«

Allerdings wäre die Ausgabe nicht komplett gewesen ohne ein Interview mit der Vordenkerin des grünen Opportunismus, Antje Vollmer, die sich wieder einmal kolossal ausdifferenzierte: »Diesen Krieg kann man kaum steuern. Und bei allem, was man nicht steuern kann, muß man Wege und Alternativen suchen, politisch da rauszukommen.«

Das bewiesen auch ein paar tausend Menschen, die in Berlin auf die Straße gingen, um noch schnell NEIN zum Krieg zu sagen, bevor er vorbei war. Er sei dagegen, »deutsche Soldaten zum dritten Mal in hundert Jahren in einen Krieg zu schicken, mit dem sie nichts zu tun haben«, sagte ein Superintendent der Evangelischen Kirche aus Brandenburg, der mit seiner Drohung, aus der SPD auszutreten, kurz in die regionalen Nachrichten geraten war. Nachdem die ersten beiden Einsätze im WK1 und WK2 sich nachträglich nicht mehr korrigieren ließen, sollte wenigstens der dritte Einsatz beizeiten verhindert werden.

Da mußte sich sogar Peter von Becker im *Tagesspiegel* wundern, der nicht im Verdacht stand, mit der Kriegsfraktion zu sympathisieren. »Ein Volk wird befreit. Wo aber sind nun auf unseren Straßen, Podien, Plätzen die Freudenkundgebungen? Wie es aussieht, ist die Erleichterung mancher Friedensfreunde ziemlich kleinlaut oder gar mit klammheimlicher Enttäuschung gepaart.«

Der klammheimlichen Enttäuschung ging die lustvolle Empörung voraus. Das kraftvollste Dokument im Kampf für den totalen Frieden war die *stern*-Ausgabe vom 15. November. Aufgemacht wie vor über zwanzig Jahren die »Wir-haben-abgetrieben«-Ausgabe, forderten »deutsche Prominente« ultimativ: »Stoppt diesen Krieg«, nachdem es zu spät war, diese Ausgabe des *stern* zu stoppen.

»Wer ein Volk als Geisel nimmt, um seine Interessen durchzusetzen, ist ein Volks- und Kriegsverbrecher«, empörte sich Franz Xaver Kroetz, meinte aber nicht die Taliban. »Das afghanische Volk ins maßlose Elend zu stürzen, ... ist ein solches Verbrechen. Die USA haben in den letzten fünfzig Jahren viele Politverbrechen begangen. Gott sei Dank bin ich kein Amerikaner, aber wenn ich der Berliner Republik zuhöre ..., schäme ich mich immer öfter, Deutscher zu sein. Wir sind nämlich auf dem Weg – zurück! – ins Kriegsverbrechergeschäft.«

Kollege Ottfried Fischer machte es knapper: »Ich bin gegen diesen Krieg, weil es nicht gerechtfertigt sein kann, daß man, um einen Terroristen zu fangen, ein ganzes Volk zerstört.«

Tobias Künzel, Sänger bei den Prinzen, erklärte, welche Reaktion gerechtfertigt wäre: »Der Anschlag war ein Verbrechen. Und auf das sollte die ›zivilisierte‹ Welt zivilisiert reagieren: Die Verantwortlichen ausfindig machen und vor Gericht stellen.«

Hans Kammerlander, Extrem-Bergsteiger, der schon »oft in Pakistan« war und »das Bergvolk in dieser Region kennen und lieben gelernt« hat, rief den USA ein kräftiges »Hört auf damit!« zu: »Wenn ich sehe, daß die Afghanen jetzt weggebombt werden, macht mich das unendlich traurig. Alles nur wegen ein paar Fanatikern. Das ist doch völlig sinnlos.«

Walter Kempowski meldete, er »habe den Krieg von Anfang bis Ende bewußt miterlebt«, allerdings nicht in Afghanistan: »Die Zerstörung meiner Heimatstadt war eines der schrecklichsten Erlebnisse, die ich hatte. Und mit dem Tod meines Vaters in Ostpreußen bin ich bis heute nicht fertig geworden. Ich erlebte die Zerstörung von Hamburg und anderen größeren Städten. Wenn jetzt von Krieg die Rede ist, dann sträuben sich mir die Haare.«

Rolf Becker, Schauspieler, trat »als Gewerkschafter« verkleidet an die Rampe und sprach sich dafür aus, »daß die arbeitende Bevölkerung den Kriegstreibern entgegentritt und nein sagt zur Barbarei des neuerlichen Bombenkrieges, der von der sogenannten zivilisierten Welt ... gegen die Bevölkerung in Afghanistan geführt wird«.

Im ganzen 44 »Prominente« aus der ganzen Republik – von Heike Makatsch, Katja Flint und Herbert Grönemeyer über Karlheinz Böhm, Lothar de Maizière und Martin Walser bis Konstantin Wecker, Nena und Walter Jens – stellten sich der Kriegsmaschinerie der USA in den Weg und schützend vor die Menschen in Afghanistan, die an dem Tag, als der *stern* an die Kioske kam, schon zwei Tage auf den Straßen von Kabul feierten, ohne sich um die Bedenken ihrer deutschen Fürsprecher zu kümmern. Von den üblichen Verdächtigen fehlten nur Günter Grass, Wolfgang Joop und Iris Berben.

Wie immer in solchen Fällen sprachen die deutschen Gutmenschen vor allem über sich selbst, ihre Ängste, ihre Gefühle, ihre Betroffenheit angesichts einer akuten Krise; sie hatten es entweder nicht mitbekommen oder nicht wissen wollen, wie die afghanische Bevölkerung von den Taliban terrorisiert wurde, denn dieser Terror blieb für das Lebensgefühl der Friedensfreunde ohne Folgen. Wer auch immer im Fußballstadion von Kabul erschossen oder aufgehängt wurde, man konnte in der Lüneburger Heide und am Bodensee weiter in Ruhe seinen Rotwein trinken und über Kulturpolitik palavern.

Erst mit der Intervention der Amerikaner wurde es ungemütlich, kam ein Gefühl von Bedrohung auf. Statt in Deckung zu gehen, erklärte die Bundesregierung sich mit den Amis solidarisch und lenkte so die Aufmerksamkeit und den Zorn der Terroristen auf Deutschland. Das vor allem war es, was die Friedensfreunde um den Schlaf brachte und auf die Straße trieb. Es war die breiteste Moralparade seit den Tagen des Golfkrieges, als weiße Bettlaken von der radikalen Entschlossenheit Zeugnis ablegten, die deutsche Unschuld retten zu wollen.

»Es ist nicht unser Krieg ..., es ist Amerikas Krieg, ein Krieg mit dunklen Motivationen und verborgenen Zielen«, legte *stern*-Essayist Heinrich Jaenecke am 15. November noch mal nach, und Klaus Zwickel, der Vorsitzende der IG Metall und einer der 44 *stern*-Promis, forderte die Bundesregierung auf, »sich für eine sofortige Einstellung der Bombardierung Afghanistans einzusetzen«. Noch schöner wäre es gewesen, wenn Zwickel die Mitglieder der IG Metall aufgefordert hätte, die Arbeit in den deutschen Rüstungsbetrieben niederzulegen, um damit einen Beitrag zum Weltfrieden zu leisten. Hat er aber nicht getan.

Womit wir wieder bei der beliebten Frage wären, was »jeder einzelne« tun kann, um die Ursachen des Terrorismus zu beseitigen. Eine Frage, die immer wieder von den gleichen Leuten gestellt wird – meist Leuten, die nicht einmal wissen, was getan werden müßte, um das Leben von Ausländern in Brandenburg sicherer zu machen. Macht nichts, zuerst befrieden wir die Dritte Welt, dann nehmen wir uns Guben vor.

Und schon liegt ein Vorschlag auf dem Tisch, eingereicht von Ewald Lienen, zu der Zeit Trainer des 1. FC Köln und intellektueller Guru von Roger Willemsen, abgedruckt in der *taz* am 17. November, also nach dem D-Day der Taliban:

»Nach den Terroranschlägen ist die Zeit reif, mal darüber nachzudenken, wie es sein kann, daß Menschen sich selbst so gering schätzen und sich opfern. Was haben wir zu dieser Verzweiflung und Wut beigetragen? Diese Kluft zwischen Arm und Reich – müssen wir da nicht radikal umdenken?«

Wäre es nicht besser, wenn Lienen, der den 1. FC Köln von einer Niederlage zur nächsten gejagt und nur Verzweiflung und Wut bei den Fans provoziert hat, eine Taliban-Mannschaft trainieren würde, um das Selbstwertgefühl der Kämpfer zu heilen und dadurch Terroranschläge zu verhindern? Auch für Ewald Lienen müßte es eine friedensstiftende Aufgabe geben: »Fußball gegen Terror!«. Er müßte dann nur ab und zu gewinnen.

DIE PARTY NACH DER STILLE:
MUSIK LIEGT IN DER LUFT

Schön ist der Krieg, noch schöner ist die Nachkriegszeit, wenn nicht nur an der Front, sondern auch in der Etappe wieder »Normalität« einkehrt.

Aber: Das Ende vom Krieg ist nicht der Anfang vom Frieden. Wer wüßte das nicht besser als wir, die wir über vierzig Jahre in der Nachkriegszeit gelebt haben. Nach dem Zusammenbruch des Taliban-Regimes, sagt der Moderator des ZDF-Nachtjournals am 23. November, breite sich in Afghanistan die Anarchie aus. »Unter den Taliban herrschte Ordnung, auch wenn es die Ordnung der Unterdrücker war.« Jetzt laufen schon ein paar Frauen ohne die Ganzkörperverkleidung rum, Männer lassen sich die Bärte abrasieren, das Fernsehen hat den Sendebetrieb nach fünf Jahren wieder aufgenommen, und im Stadion finden Fußballspiele anstelle von Hinrichtungen statt. Ob wir so was gutheißen können, solange sich die Afghanen nicht ordentlich bei der Brotausgabe anstellen und ihren Müll nicht sauber trennen? Sorge macht uns auch, daß die Taliban-Kämpfer in zwei Städten, Kundus und Kandahar, eingeschlossen sind und über eine Kapitulation verhandeln müssen. Ihre Lage erinnert uns an Stalingrad.

Wird es in Kundus und Kandahar genauso enden? Wir fühlen mit den Belagerten und drücken ihnen die Daumen.

Und natürlich mit Boris Becker, damit er und Babs wieder zusammenkommen. Eine Woche nach dem peinlichen »Stoppt-diesen-Krieg«-Cover titelt der *stern* am 22. November mit dem Tennis-Frührentner: »Ich habe meine Lektion gelernt« sagt Becker über »Fehler, Familie und neue Pläne«.

Und er sagt auch was über den 11. September, nachdem der *stern* offenbar vergessen hat, ihn um ein Statement für die Promi-Parade in der Vorwoche zu bitten. Er ist eine Art Zeuge, denn er war am Wochenende vor dem Anschlag mit seiner Familie in New York, genau dort, wo es gekracht hat.

»Nicht oben, wir waren unten auf der Plaza, da gab es ein paar Flohmärkte, da sind wir rumgelaufen. Glücklicherweise sind wir dann Sonntagabend noch abgeflogen – meine Familie nach Miami, ich nach Deutschland. Eigentlich war ich überrascht, daß es so lange gedauert hat, bis eine derartige Katastrophe passiert.«

Boris Becker hat es also kommen sehen. Er, der nicht weiß, was passieren kann, wenn man mit einem russischen Model in eine Hotelwäschekammer geht, hat schon lange darauf gewartet, daß zwei Flugzeuge in zwei Hochhäuser donnern; so eine Katastrophe war einfach fällig.

»Ich meine, die Gegensätze in der Welt werden immer

gravierender. Zwischen den einzelnen Religionen, den Gesellschaftsschichten – zwischen Arm und Reich –, werden die Kluften immer größer. Die Wirtschaft spielte auf dem Höhepunkt vor zwei Jahren verrückt, es ging nur noch um den Neuen Markt. Da ging es ja gar nicht mehr um Millionen, sondern darum: Wer macht die nächste Milliarde. Da habe ich mich immer gefragt: Wo ist das Ende, wann kommt der Knall?«

Erstaunliche Einsichten für einen, der sich mit 33 zur Ruhe gesetzt hat, dessen Vermögen auf etwa 300 Millionen Mark geschätzt wird und der offiziell nach Monaco umgezogen ist, um in Deutschland keine Steuern zu zahlen. Aber verglichen mit Bill Gates ist Becker eine arme Sau, und deswegen schlägt sein Herz, wie das seines Monaco-Nachbarn Wolfgang Joop, für die Armen dieser Welt. Joop mußte bei der Lektüre des Aufsatzes von Arundhati Roy im Spiegel »weinen«, und nur ein gelifteter Blick auf die Marina von Monaco tröstete ihn über das viele Elend in der Welt hinweg. Becker besuchte einen Trödelmarkt vor dem World Trade Center und fragte sich, wann der große Knall kommt.

Niemand hindert ihn daran, die Hälfte seines Vermögens einer wohltätigen Stiftung zu übergeben, um »die Kluften« zwischen Arm und Reich ein wenig zu schließen, was seinen Lebensstandard um keinen Deut verschlechtern würde. Auch seine Frau, die im Monat mehr Taschengeld bekommt, als eine ALDI-Verkäuferin im Jahr verdient, müßte auf nichts verzichten. Geben ist seliger denn Nehmen, aber Nehmen macht doch mehr Spaß.

Was Becker sagen wollte, das brachte am selben Tag ein Prof. Dr. Frank Richter aus Freiberg im *Neuen Deutschland*, dem Zentralorgan des gebührenfreien Moralismus, auf den Punkt: »Jeder, der auf unserer Welt nicht verhungert, der ist mitschuldig am Hungertod von Millionen. Erst recht trifft das auf all jene zu, denen es eigentlich immer noch sehr gut oder wenigstens noch ziemlich gut geht, verglichen mit der großen Mehrzahl der afghanischen Bevölkerung.«

Wirklich? Bin ich mitschuldig am Tod von Millionen, weil ich wieder einmal eine Tafel Rittersport verputzt habe? Muß die afghanische Bevölkerung darben, weil es mir gut geht oder weil sie von einer Bande durchgeknallter Fundamentalisten terrorisiert wurde, die ihre wilden Männerträume auslebten und die Versorgung der Bevölkerung ausländischen Hilfsorganisationen überließen? Und wie kommt es, daß die Gutmenschen ihr Gewissen und ihre Mitschuld am Hungertod von Millionen erst dann entdecken, wenn Bomben auf die Hungernden fallen? Es müssen allerdings amerikanische Bomben sein.

»Woher kommt die Globalisierung des Terrors? Weil die Amerikaner seit Jahrzehnten keinen Respekt vor dem Rest der Welt zeigen. Und der rote Faden dabei ist der amerikanische Materialismus, der ›quick dollar‹ und die Arroganz des Geldes. Die Welt kann ruhig kaputtgehen, solange man noch ein Geschäft machen kann. Das ist durch die Globalisierung noch schlimmer geworden, denn die Amerikaner profitieren davon am stärksten«, sagt der Zeichner Tomi Ungerer, der vom Europarat zum »Bot-

schafter für Kindheit und Erziehung« ehrenhalber ernannt wurde, seitdem um vier Uhr morgens aufsteht und
sich für einen »Europa-Politiker« hält.

Auch Ungerer, der gewiß nicht ohne Entgelt arbeitet, verachtet die Arroganz des Geldes und den Materialismus
der Amis. Er wurde nämlich »als Dreizehnjähriger von
den Amerikanern beschossen«, von einem Tiefflieger auf
einem Feld im Elsaß. »Die Amerikaner waren schon immer Barbaren. Zwischen Straßburg und Salzburg besteht
für sie doch kein Unterschied.«

Und nur einer, der zwischen einer Gänsepâté und einer
Mozartkugel unterscheiden kann, ist auch in der Lage,
der Globalisierung entgegenzutreten. Tomi kann es, Boris
übt es, und Jürgen zieht die Bilanz.

Jürgen Todenhöfer, in den achtziger Jahren entwicklungs-
und abrüstungspolitischer Sprecher der CDU/CSU-Bun-
destagsfraktion und inzwischen stellvertretender Vorstands-
vorsitzender der Burda Medien AG, gab am 22. November
eine Erklärung ab: »Warum wir dabei sind, den Kampf
gegen den Terrorismus zu verlieren.«

Erstens: »Die Amerikaner haben in Kabul die Falschen an
die Macht gebombt.« Zweitens: »Mit den Taliban haben
die Amerikaner das falsche Schwein geschlachtet.« Drittens: »Afghanistan wurde und wird bombardiert, weil es
das ärmste Land der Region ist und weil es die wenigsten
Freunde hat.«

Mit Hilfe solcher Dialektik könnte man jeden Burda-
Schnittbogen in eine Blaupause für ein Atom-U-Boot um-
dichten. Immerhin hat Afghanistan wenigstens einen

Freund, der das arme Land gern hat und aus seinem Herzen keine Mördergrube macht:

»Die Amerikaner haben mit dem Bombenkrieg Haß in die Herzen der islamischen Welt gepflanzt. Der militärische Erfolg im Kampf gegen die Taliban ist ein Pyrrhussieg. Millionen radikale junge Muslime auf der Welt werden Rache schwören, dafür, daß das reichste Land das ärmste Land der Welt in Grund und Boden gestampft hat. Einige Kenner der islamischen Welt sind der Auffassung, daß mit dem Fall Kabuls der Kampf gegen den islamischen Terrorismus fast verloren ist.«

So wie die Basis die Grundlage des Fundaments ist, so ist der Wunsch der Vater des Gedankens. War vor dem Bombenkrieg nur Liebe in den Herzen der islamischen Welt? Haben sie aus Liebe die Bomben in Nairobi und Daressalam gelegt? Wäre eine Niederlage im Kampf gegen die Taliban nützlicher als ein Pyrrhussieg? Und woher weiß Todenhöfer, daß Millionen radikale junge Muslime Rache schwören werden? Haben es ihm solche Kenner der islamischen Welt wie Michael Lüders und Peter Scholl-Latour verraten, die mit ihren eigenen Vorhersagen so exakt waren wie die Nostradamus-Jünger vor der letzten Sonnenfinsternis? Todenhöfer, über jeden Pyrrhussieg seiner eigenen Logik erhaben, macht unverdrossen weiter. Jetzt müsse der Westen zeigen, »daß er nicht nur für militärische Stärke, sondern auch für Gerechtigkeit und Menschlichkeit steht. Nur dann erhält der islamische Terrorismus keinen Zulauf mehr.«

Für den Anfang wäre schon viel erreicht, wenn die *Bunte* und die *Gala* überall in der islamischen Welt zu bekommen wären, um Menschlichkeit und Gerechtigkeit zu verbreiten und so dem Terrorismus den Zulauf abzugraben. Doch das darf nicht alles bleiben, was der Westen tun muß:

»Wir müssen endlich in einen partnerschaftlichen Dialog mit der islamischen Welt eintreten und aufhören, so zu tun, als gäbe es keine Alternative zum amerikanischen Kulturmodell, das für die meisten Menschen beim Geldverdienen aufhört.«

Doch, es gibt eine Alternative zum amerikanischen Kulturmodell, sie hört auf den Namen Jürgen Todenhöfer, kommt als eine blasse Chimäre daher und macht sich nichts aus Geld. Babelsberg statt Hollywood, Nordhäuser Doppelkorn statt Gin Tonic, Jenny Elvers statt Mickymaus, Spätzle statt Chips, deutscher Tiefgang statt amerikanischen Tinnef.

Todenhöfer vertraute sich der *FAZ* an, Ungerer der *WOCHE*. Und zwölf Professoren der Freien und der Technischen Universität in Berlin legten für zwei Tage die Arbeit nieder, um sich an »Veranstaltungen gegen den Krieg« zu beteiligen.
»Deutsche Hochschullehrer haben bei früheren Gelenkstellen deutscher Geschichte schuldhaft geschwiegen und verhängnisvolle Entscheidungen gedeckt. Das darf nicht noch einmal passieren«, begründete einer aus dem Dut-

zend die akademische Pause an der letzten Gelenkstelle *deutscher* Geschichte. Bevor der erste deutsche Soldat afghanischen Boden betrat, war das Land schon germanisiert. Es ging bei der Debatte nicht darum, was für die Afghanen gut wäre, sondern was uns schaden könnte.

»Ich befürchte als Folge des Krieges Solidarisierungseffekte mit den Terroristen«, rief die grüne Abgeordnete Annelie Buntenbach aus Bielefeld, die Strafe Gottes für die Öko-Steuer, auf der Bundesdelegiertenkonferenz der Grünen in Rostock am 24. November in den Saal.

Christian Ströbeles Stimme zitterte, als er seinen eigenen Sachverstand in den Zeugenstand bestellte: »Die nächste Generation von Terroristen züchten wir uns damit selber, ich weiß, wovon ich rede!«

Fraktionskollegin Antje Vollmer, eben noch gegen den Krieg im allgemeinen und eine deutsche Truppenbeteiligung im besonderen, fand es dagegen nur noch »unverantwortlich von einigen Abgeordneten, die Partei aus der Regierung zu putschen«.

In Kundus kapitulierten die Taliban-Kämpfer, während in Deutschland der »Pyrrhussieg« seziert wurde. Die gleichen Blätter und Kommentatoren, die eben noch die atomare Apokalypse herbeigeschrieben, vor einem zweiten Vietnam gewarnt und Terror ohne Ende prophezeit hatten, konnten ihre Enttäuschung über den Gang der Dinge kaum verbergen. Die Wirklichkeit war hinter ihren Erwartungen zurückgeblieben. Aber nicht sie waren die Blamierten, sondern die Wirklichkeit.

»Adieu, schöner Weltbrand. Der Kampf ist verloren. Vertagt der globale Aufstand der Muslime, ausgeblieben die Reiter der Apokalypse. Er weiß: Bald ist er tot. Milchgesichtige GIs ziehen in den Bergen Afghanistans die Schlinge immer enger um Osama bin Laden. Sein Leutnant Mohammed Atef ist gefallen, die Garde geflohen. Der mutmaßliche Massenmörder mit dem sanften Blick wird kein neuer Saladin, kein neuer Tamerlan oder Dschingis Khan«, orakelte der Weltbrand-Experte der *WOCHE*, nachdem er Woche um Woche genau das vorausgesagt hatte, worüber er nun witzelte, im Vertrauen darauf, daß auch dieser Artikel bald als Einwickelpapier für tote Fische seine angemessene Verwendung finden würde. Allerdings, ganz mochte er die Kaffeesatzkunde nicht lassen: »Unter Islam-Kennern zirkuliert schon länger die Vermutung, Bin Laden sei nur ein Aushängeschild der al-Kaida, eine Tarnung zum Beispiel für Ägyptens Dschihad.«

Ach so. Ägyptens Dschihad. Islam-Kenner. Wenn wir das schon eher erfahren hätten, wären wir am 11. September nicht so überrascht gewesen. Ein paar Seiten weiter, im Kulturteil, geht es mit fein ziselierter Ironie über »Die Party nach der Stille« weiter.

»Nachdem die letzte Supermacht wochenlang ihre Bombenlager über Afghanistan ausgeleert hat, haben sich die Taliban in den Süden verzogen. Während die Welt noch auf die endgültige Kapitulation wartet, hat dieser Rückzug ... drei positive Auswirkungen auf das gesellschaftliche und kulturelle Leben weiter Teile Afghanistans. Frauen können wieder freier leben und sind nicht länger gezwungen, die Burka zu tragen. Männer genießen die neue Freiheit, in aller Öffentlichkeit die Bärte abrasieren zu dürfen. Und dann ist da noch das – für westliche Gemüter (und Ohren) offenbar besonders bedeutungsvolle – Recht, wieder Musik zu hören.«

Dann weist der Autor auf einen besonders wichtigen Punkt hin. Die Unterdrückung von Musik habe »nicht erst mit den Taliban begonnen« und sie sei keine islamische Spezialität, man könne sie auch »im christlichen Denken« finden, bei Clemens von Alexandria, beim heiligen Augustinus, bei dem englischen Prediger Rowland Hill und vermutlich auch bei Martin Luther. »Im Mittelalter war Orgelmusik ... weitgehend verpönt, und viele Orgeln wurden zerstört.«

Was vermutlich heißen soll: Wir sollen erst mal unsere eigenen Orgeln reparieren, bevor wir uns über die musikfeindlichen Taliban aufregen. Denn: »Die Taliban als Verfechter der Freudlosigkeit in Afghanistan haben viele Vorfahren – im Westen wie im Osten.«

So wurde relativiert und differenziert, bis man wieder eine historische Grube entdeckte, in die man sich lustvoll stürzen konnte, ein drohendes »Himmelfahrts-Kommando«: Der Einsatz einer multinationalen Truppe, die den Frieden nach dem Ende der Kämpfe sichern soll, »kann leicht zu einem militärischen Desaster werden«.

Ein Scheitern der Auguren führt dagegen fast immer zu einem Happy-End. Es tut nicht weh, ist schnell vergessen, und die Weisheiten, die sie zurücklassen, können bei der nächsten Gelegenheit recycelt werden.

GELD, MARKT UND DIESE DINGE:
DIE BEFRIEDUNG DER WELT

Am 11. November fing im Rheinland, wie jedes Jahr, die närrische Saison an. In Berlin, wo nur ein paar Hobby-Ethnologen Karneval feiern, hatte die Akademie der Künste an diesem Tag zu einer Debatte eingeladen: »Läßt sich so die Welt befrieden? Lehren aus dem 11. September.« Der Titel der Veranstaltung war subtil zweideutig. Man konnte ihn auch so verstehen, als wäre der 11. September ein Beitrag zur Befriedung der Welt gewesen. Es nahmen teil:
– der Pädagoge, Politiker und Autor Erhard Eppler, Ex-Minister und Ex-Vorsitzender der Grundwertekommission der SPD;
– der Schriftsteller Günter Grass;
– der Sozialwissenschaftler an der TU Hannover, Oskar Negt;
– der Direktor des Orient-Instituts in Hamburg, Udo Steinbach.
Moderator Johano Strasser, Generalsekretär des deutschen PEN-Zentrums und ehemaliger Juso-Vorsitzender, dessen Outfit an den Professor in Polanskis »Tanz der Vampire« erinnerte, stellte die Teilnehmer der Runde und gab die Parameter der Diskussion vor.

»Fast immer, wenn in diesen Tagen über die schrecklichen Anschläge des 11. September, über den Kampf gegen den Terrorismus und den Krieg in Afghanistan öffentlich gesprochen wird, fällt das Wort: Seit dem 11. September ist nichts mehr, wie es war. Sicher, es hat sich seitdem vieles verändert ..., aber das heißt sicher nicht, daß ein Blick zurück, über den 11. September hinaus, nicht notwendig wäre, um zu begreifen, was am 11. September geschehen ist, und was zu tun wäre, um der Gefahr des Terrorismus wirksam zu begegnen. Wer sich die Frage nach den Ursachen oder den fördernden Bedingungen des Terrorismus verbietet oder verbieten läßt, weil dabei notwendig auch Versäumnisse, Fehler und Verbrechen des Westens und seiner Führungsmacht USA in den Blick kommen könnten, läuft Gefahr, im Kampf gegen den Terrorismus den Boden für neue Terrorakte zu bereiten und die Chancen für eine dauerhafte Befriedung zu verspielen. Wir wollen hier heute abend ganz bewußt einen Gegenakzent setzen gegen die verbreitete Militarisierung des Denkens und die Probleme auch in einem historischen Kontext diskutieren.«

Damit waren die Eckdaten des Gesprächs fest eingerammt, und damit hätte auch der Abend mit einem fröhlichen »Alaaf, helau und kommt gut heim!« vorzeitig beendet werden können. Es stand fest, daß es vor allem darum gehen würde, die Versäumnisse, Fehler und Verbrechen des Westens zu behandeln und sich dabei den Mund nicht verbieten zu lassen. Es war genau das, was die Altmännerrunde seit Jahrzehnten treibt und umtreibt.

Strasser zitierte den Bericht der Nord-Süd-Kommission aus dem Jahr 1979 und fuhr fort:

»Die Armut hat in den letzten zwanzig Jahren weiter zugenommen, viele der ärmsten Länder sind noch tiefer in Elend und Hoffnungslosigkeit versunken ... Aber Hunger, Armut und Unterentwicklung werden heute im reichen Westen kaum diskutiert. Geblendet durch die Ideologie des Neo-Liberalismus, überläßt man die Probleme lieber dem Markt, und wenn es in der neuen schönen Welt der Marktradikalisten dann doch zu Konflikten kommt, die nicht unter den Tisch zu kehren sind, liegen militärische Lösungen allemal näher als Anstrengungen zur Schaffung sozialer Gerechtigkeit und aktive Friedenspolitik.«

Nun war der Stichwort-Katalog komplett: Elend, Hoffnungslosigkeit, Hunger, Armut und Unterdrückung, Markt, Neo-Liberalismus, soziale Gerechtigkeit und aktive Friedenspolitik. Nur ein Begriff fehlte: die Rechte der Frauen. Da aber keine Frau auf der Bühne saß, fiel das nicht weiter auf.

»Ich möchte mit einer Frage beginnen, die sehr komplex ist: Was eigentlich an diesem 11. September zum Ausdruck gekommen ist. Hat sich da mit einem Mal das radikal Böse gezeigt, das Unerklärliche und damit auch das ungeschichtliche Böse? ... Oder haben diese Ereignisse ihren tiefsten Grund vielleicht doch in anderen Zusammenhängen, kulturellen und sozialen Demütigungen, vielleicht sogar solchen Demütigungen im Namen des vom Westen dominierten Fortschritts. Welche Motive spielen hier zusammen, was muß alles beachtet werden, um überhaupt zu deuten, was da passiert ist? Ich möchte gerne beginnen mit Herrn Steinbach.«

Udo Steinbach rutschte schon eine ganze Weile auf seinem Sitz hin und her. Er war der Benjamin der Runde und konnte es kaum noch abwarten.

»Das liegt auch nahe, mit mir zu beginnen, die Wurzel des Konflikts liegt in der islamischen Welt, die Attentäter sind Muslime gewesen, und die Rechtfertigung dessen, was da geschehen ist, ist auch in islamischer Dimension erfolgt. Wir müssen davon ausgehen, daß das irgendwas zu tun hat mit einer fehlgelaufenen Entwicklung, mit einem Mißverständnis, mit Verwerfungen zwischen bestimmten Elementen in der islamischen Welt, in diesem Fall besonders radikalen Elementen, und auf der anderen Seite dem Westen, nämlich der Vormacht des Westen.«

Was ist mit dem Steinbach los, dachte ich, sonst hätte er doch schon längst gesagt, es liegt am ungelösten Palästina-Konflikt. Steinbach erinnerte an die Anschläge auf die amerikanischen Botschaften in Nairobi und Daressalam 1998, an den Flugzeugabsturz über Lockerbie 1989, an die Besetzung der US-Botschaft und die Geiselnahme der Amerikaner durch »islamische Radikale« in Teheran 1979.

»Die Handschrift ist klar, es stimmt etwas nicht zwischen dem Islam und der restlichen Welt. Wie können wir das verstehen?« Was ist aus der Neuen Weltordnung von 1991 geworden? »Nichts! Business as usual. Der Stoff, aus dem der 11. September 2001 entwachsen ist, sind all die unerledigten Dinge, die 1991 liegengelassen worden sind. Als der Staub am Golf sich setzte, drehte man sich um und machte wie normal weiter.«

Das hörte sich an, als wollte Steinbach sagen, die Amis hätten den Job am Golf richtig zu Ende bringen sollen, statt Saddam zu verschonen. Als wäre der 11. September nicht passiert, wenn die Dinge erledigt worden wären.

»Der 11. September konnte nicht durch einen Hindu gemacht werden oder durch einen Anhänger der konfuzianischen Philosophie oder durch einen Buddhisten. Es ist nicht zufällig, daß er aus dem Islam kommt, weil der Islam eine besondere Problematik hat, mit der modernen Welt, mit den Machtverhältnissen, mit den ökonomischen Verhältnissen und mit der Globalisierung fertig zu werden. Der Muslim, für ihn steht im Koran: Denn ihr seid die beste aller Gemeinden! Und was muß er erleben im Jahr 2001? Daß die islamische Welt um Lichtjahre hinter der entwickelten Welt, hinter Europa, hinter dem Westen, hinter den Vereinigten Staaten zurückfällt ... Dies hat sehr spezifisch zu tun mit Verhältnissen, die irgendwo in der islamischen Welt nisten ...«

Auch Johano Strasser schien überrascht. Er hatte nicht damit gerechnet, daß ausgerechnet Steinbach die islamische Welt rückständig nennen und von den Problemen des

Islam mit der modernen Welt sprechen würde. Er wandte sich hilfesuchend an Erhard Eppler. Die »Privatisierung der Gewalt« habe doch nicht mit dem 11. September begonnen?

Die Privatisierung und die Kommerzialisierung der Gewalt, antwortete Eppler, sei ein weltweites Phänomen und vor allem in Afrika besonders ausgeprägt. Dennoch sei es »eigentümlich, daß diese islamisch-westliche Spannung sich nicht zwischen Staaten entlädt. Es gibt keinen islamischen Staat, der es mit den Vereinigten Staaten aufnehmen könnte oder wollte. Der Privatmann Bin Laden droht einer Weltmacht mit Vernichtung.«

Man müsse fragen: »Wie geht man dagegen vor? Wie bekämpft man bewaffnete Gruppierungen privater Art durch staatliche Gewalt. Und meine Antwort ist: Das Militär hat da auch eine Funktion, aber diese Funktion kann ganz schnell kontraproduktiv werden, wenn nicht mehr erkennbar ist, daß das Militär das erledigt, wobei die Polizei überfordert ist.«

Eppler bekam Beifall für diese Bemerkung. Strasser gab das Wort an Grass weiter. »Ich denke, daß Günter Grass bei den Ursachen oder den Bedingungsgründen noch etwas weiter zurückgehen wird.« Er hatte richtig gedacht. Grass ging zurück, holte aus und stellte fest:

»Die beiden Begründungen, die ich gehört habe, sind in sich stichhaltig, aber ich glaube, daß sie der Ergänzung bedürfen. Bin Laden ist das sichtbare Symbol von dem, was wir im einzelnen noch nicht kennen. Ich bezweifle auch, daß er von Afghanistan in der Lage gewesen ist, das, was da teuflisch minutiös in New York und Washington abgelaufen ist, so zu organisieren ... Es ist ein breites Netz vorhanden, das in breiten Bevölkerungsschichten breite Zustimmung findet, im Gegensatz zur RAF, diese RAF hatte keine Basis, aber dort gibt es für den Terrorismus eine breite Basis und eine wachsende Basis.«

Grass sagte nicht, woher er sein Wissen über die breite und wachsende Basis für den Terrorismus hatte. Er sagte nur, was er bei solchen Gelegenheiten immer sagt:

»Ich glaube schon, daß die Wurzeln für das, was geschieht, im Verhalten des Westens zu suchen sind ...«
Und deswegen sei er »der Meinung, daß der jetzt geführte Militärschlag, selbst wenn er aus militärischen Gesichtspunkten erfolgreich sein sollte, wenn es zur Niederlage der Taliban-Regierung kommt, daß er dennoch vom Ergebnis kontraproduktiv ist und eine neue Generation von Terroristen motivieren wird.«

Auch Grass wurde mit Beifall belohnt. Es kann also nur schiefgehen, auch wenn es gut gehen sollte. Die Ursachen für dieses Dilemma liegen darin, daß die Verantwortlichen, allen voran Bush und Blair, den Nord-Süd-Bericht der Nord-Süd-Kommission unter Willy Brandt aus dem Jahr 1979 nie gelesen haben.

»Wenn es nicht gelingt, auf diese Vorschläge zurückzukommen, wird es auch nicht im Ansatz gelingen, den Terrorismus zurückzudrängen oder gar zu verhindern, im Gegenteil, er wird durch Militärschläge gesteigert werden.«

Das war genau das, was das Publikum hören wollte. Es dankte Grass mit einem kräftigen, solidarischen Beifall. Die Idee, daß der Terrorismus durch Militärschläge nur gesteigert würde, und der in dieser Idee ruhende Gedanke, zur Verhinderung von Terrorismus wäre es am besten, nichts gegen den Terrorismus zu unternehmen, war brillant und deshalb mehrheitsfähig.

Strasser wandte sich an Oskar Negt, der bis dahin noch nichts gesagt hatte, und tat so, als stellte er eine Frage:

»Oskar Negt, es sieht ja so aus, als sei diese terroristische Gewalt etwas, das von außen in unsere Gesellschaft eindringt. Ist das denn so richtig, daß diese Gewalt von außen kommt? Wir sind zivilisiert, da draußen gibt es dunkle Mächte, die es auf uns abgesehen haben – oder steckt nicht auch in unserer Gesellschaft ... etwas, das Gewalt erzeugt, sowohl bei uns als auch in ganz anderen Weltgegenden, die in Kontakt kommen mit diesem Entwicklungsmodell?«

Negt zögerte einen Augenblick: »Na ja, in der Anlage deiner Frage liegt schon die Antwort.«
Strasser faßte die Bemerkung als Kompliment auf: »Wie so häufig, wie so häufig.«
Negt war ratlos: »Ich kann dem gar nicht widersprechen.«

Strasser machte einen Witz: »Aber sicher kannst du es intelligenter ausdrücken.«

In diesem Moment wurde mir klar, woran mich diese Diskussion erinnerte. An die Muppet-Show. Grass und Eppler waren die beiden Alten, die das Geschehen kommentierten, Strasser war der Fossy-Bär und Steinbach war Kermit. Welche Rolle aber spielte Oskar Negt, der über das Kapital und den Kapitalismus reden wollte, statt über Terror und Terrorismus? War er vielleicht der dänische Koch, der ständig Teller fallen ließ?

»Die eigentliche Bruchstelle in unserer Weltentwicklung der letzten zehn, fünfzehn Jahre ist darin zu sehen, daß zum ersten Mal in der Geschichte das, was der Kapitalismus ist und was das Kapital in seiner Funktionsweise darstellt, so etwas ist wie ein Regulierungsmechanismus, der überhaupt keine Blockaden und keine Hemmungen mehr hat ... So gut ist es dem, was Marx als Kapitalismus beschrieb, noch nie gegangen, zum ersten Mal ist der Kapitalismus das, was Karl Marx in seinem *Kapital* beschrieben hat.«

Und während es dem Kapitalismus immer besser geht, geht es allen anderen immer schlechter.

»Die Modernisierung auf dem Niveau von Marktrationalität bedroht viele Traditionszusammenhänge, in denen Menschen gelebt haben. Die sind desorientiert. Der Fundamentalismus ist auch eine Reaktion auf die Bedrohung durch Modernisierungsprozesse, eine Reaktion auf Ohnmachtserfahrung gegenüber dem, was vom Westen auf sie zukommt. Was sind wir noch, wenn Geld, Markt und diese Dinge, das Kapital, alles ist, was das Leben definiert.«

Es macht Spaß, Oskar Negt zuzuhören, obwohl er, egal, worum es geht, immer dasselbe sagt. Es liegt am Kapitalismus und an den Modernisierungsprozessen, daß die Menschen die Orientierung verlieren. Ohne die Modernisierung gäbe es keinen Fundamentalismus, allerdings auch keinen Oskar Negt, und Sätze wie diese blieben ungesagt:

»Die Gewalterfahrung in Amerika ist größer als die in Europa. Auf 100.000 Amerikaner kommen 700, die in Gefängnissen leben, in Europa sind es 60 bis 70, das heißt, zehnmal so viele machen Gewalterfahrungen in dieser Gesellschaft. Ich will damit dieses Verbrechen (den 11. September) nicht rechtfertigen, das hat eine moralische Seite und eine menschenverachtende Seite, aber unsere Fragestellung muß darauf gehen, auf das Überflüssigwerden nicht nur von Völkern, sondern auch von einzelnen Menschen in unseren Verhältnissen ...
Täglich werden in Europa 50.000 Menschen arbeitslos. Das sind Gewaltakte, oder sie werden so erfahren. Wir müssen die Frage stellen, wie kommen wir wieder zu einem zivilisierten Zustand, in dem die Menschen Formen des Kampfes der Anerkennung anders organisieren können als über die Existenznot. Angst ist ein wesentlicher Rohstoff des Terrorismus in der übrigen Welt und selbst-

verständlich unter unseren Breitengraden genauso, und solange dieser Angstrohstoff wächst, zunimmt, wird man nicht sicher sein vor Terroristen von außen oder von innen.«

Wenn Angst der Rohstoff ist, dann sind die Anschläge die Mutproben zur Überwindung der Angst? Eine Therapie auf Kosten Dritter? Auf jeden Fall wurde heftig und zustimmend geklatscht, Strasser stellte die Frage in den Raum, ob »das mit sozialen Problemen, mit historischen Demütigungen seit der Zeit des Kolonialismus zu tun hat ...«, und Udo Steinbach wurde wieder unruhig.

»Wir diskutieren ins Irreale, wenn wir uns in allzu weite Kontexte verlieren ... Ich möchte unterstreichen, die sozialen Krisen in Asien, in Indien, in Afrika sind stärker. Es ist aus dem islamischen Kontext heraus passiert, nicht von Leuten, die vielleicht einen Grund hätten, einen ökonomischen oder sozialen Grund, sondern von Leuten, die offenbar noch was anderes im Kopf hatten. Es waren ausgebildete Leute, die mit einem Mal mit einer handfesten, aus dem Islam abgeleiteten Ideologie daherkamen. Also, das Soziale kann es nicht sein. Was ist es denn dann? (Proteste, Unmut im Saal) ... Wir kommen nicht umhin, hinter dem ganzen Phänomen, was die Breitenwirkung betrifft, eine kulturelle, eine religiöse Dimension festzumachen ...«

Ob es da eine »Parallele zu den Assassinen vor 900 Jahren« gebe, wollte Strasser wissen.

»Hat damit nichts zu tun«, gab Steinbach zurück. »Der Selbstmord wird im Islam klipp und klar verboten.«

Vielleicht hätte Steinbach die kulturelle und religiöse Dimension noch erklären können, die gut ausgebildete Leute in fliegende Bomben verwandelt, wenn Grass die Debatte nicht wieder auf den Punkt gebracht hätte, der ihm am meisten Spaß macht.

»Wir sollten damit beginnen, indem wir den so selbstsicher in die Welt gestellten Begriff ›Wir verteidigen die zivilisierte Welt‹ in Frage stellen. Wie zivilisiert sind wir? (Beifall) Herr Bush geht jeden Sonntag in die Kirche (Lacher), pflegt die Woche über seine Ölinteressen, so nebenbei, und ruft bei so einem Anlaß ohne Kenntnis der eigenen Geschichte, der christlichen Geschichte, zum Kreuzzug auf.« (Beifall) Es sei »auch Ausdruck unserer Ignoranz und unseres Hochmuts ..., wie unsere zivilisierte Welt, die sich so nennt, die Toten zählt und wie die Toten in den Staaten der Dritten Welt gezählt werden.« (Beifall) Über eine Million Menschen seien im Irak zu Tode gekommen durch die Blockade, jetzt müßte der Westen »anfangen, eine andere Zählweise oder eine andere Betrachtungsweise anzuführen«, dann würden wir »erkennen, daß im Weltwirtschaftssystem etwas grundsätzlich geändert werden muß«, damit die Staaten der Dritten Welt »eine Chance bekommen, gleichberechtigt mit uns zu verhandeln, sonst wird sich der Nährboden für Terrorismus immens verbreiten und über die islamische Welt hinaus.« (Beifall)

Grass hielt sich an der Idee von der Zweiklassengesellschaft der Toten ebenso fest, wie er nicht müde wurde, zu versprechen, der Terror würde sich ausbreiten, wenn sich das Wirtschaftssystem nicht ändere.

Damit kam er beim Publikum gut an, alle hätten gerne ihre letzte Currywurst mit den Armen in der Welt geteilt, zumindest an diesem Abend. Weil aber Strasser keine Meldungen aus dem Publikum zuließ, kam der karitative Wille nicht zum Ausdruck. Es grummelte nur, und einmal rief ein Mann aus dem Publikum Erhard Eppler zornig zu: »Die Polizei hat die private Gewalt jahrzehntelang gefördert, das wissen wir doch!«

Dann faßte Strasser die bisherigen Debattenbeiträge zusammen, und Oskar Negt faßte zusammen, was er noch gerne sagen wollte:

»Heinrich Zille hat gesagt: man kann einen Menschen mit einer Wohnung genauso töten wie mit einer Axt ...

Religion wird hier als ein Legitimationsinstrument benutzt für in der Tat darunter liegende Strukturverhältnisse, an deren Lösung der Westen insgesamt im Augenblick überhaupt nicht beteiligt ist, um nicht zu sagen, überhaupt nicht interessiert ist.

Wenn die Chinesen davon sprechen, daß schon jetzt 200 Millionen Arbeitslose auf dem Land entstehen durch die Anbindung an die Welthandelsorganisation, wo sollen die denn bleiben, was sollen die denn machen? Verringert das das Gewaltpotential in der Welt? Existenzgefährdung und Entwurzelung werden dazu beitragen, daß dieses Gewaltpotential gewaltig zunimmt, und das ist die Schuld des Westens, und deshalb würde ich die ganze Terrorismus-Diskussion auch auf die Frage lenken, wie sieht eigentlich unsere Zivilisation aus (Beifall), auf die ein Angriff gerichtet wird, daß sie nicht imstande ist, gleichsam nach Menschenwürde und Menschenrechten und Bürgerrechten der anderen Welt zu helfen, sich zu zivilisieren ...?«

Wann immer an diesem Abend das Wort »Zivilisation« fiel, gab es hämische Reaktionen im Publikum, wurden die ironisierenden Anführungszeichen mitgelacht. Nicht nur war der Westen selber schuld, daß er zum Ziel terroristischer Attacken wurde, die Schwäche der westlichen Zivilisation, beziehungsweise »Zivilisation«, äußerte sich vor allem in dem Unwillen oder Unvermögen, der anderen Welt zu helfen, sich zu zivilisieren.
Leute wie Negt muß es geben, dachte ich, damit wir immer daran erinnert werden, daß Selbstzweifel eine wichtige kulturelle Leistung ist, die nur in fortgeschrittenen Gesellschaften vorkommt. Und oft die einzige Möglichkeit, theoretisch in das historische Geschehen einzugreifen. Oder so zu tun, als ob man es täte.

»Was müßte man dann eigentlich jetzt tun«, fragte Strasser, »um einigermaßen rational auf das zu reagieren, was hier an Gewaltpotential sichtbar geworden ist, und vielleicht die Hoffnung zu begründen, daß Gewalt sicher nicht ganz beseitigt werden kann, aber zumindest in einem erträglichen Maß gehalten werden kann?«

Was wäre denn ein erträgliches Maß an Gewalt? dachte ich. Eine Flugzeugentführung pro Monat, vorausgesetzt, in der Maschine sitzt weder Johano Strasser noch Günter Grass? Keine Angriffe auf Hochhäuser in Deutschland? Keine Anschläge an Wochenenden, vor Feiertagen und im Winterschlußverkauf? Wo hört das erträgliche Maß auf, ab wann wird es unerträglich?

Grass warf wieder »einen Blick zurück«, erinnerte noch einmal an den Nord-Süd-Bericht von Willy Brandt und fand es »unerklärlich, wieso der später nicht einmal von seiner eigenen Partei zur Kenntnis genommen« wurde. »Am Tun liegt es, und wenn von westlicher Seite nichts geschieht, vom reichen Westen nichts geschieht, wird der Terrorismus nur zunehmen, und er wird weit über die islamische Motivation hinausgehen ...«
Eppler forderte, man müsse »die staatlichen Gewaltmonopole wieder einführen, aber das ist so unendlich schwierig, wenn die Gewalt erst mal privatisiert ist, sie nachher wieder in ein staatliches Monopol zurückzuführen ...« So was würde nicht Jahre, sondern Jahrzehnte dauern.
Negt dagegen befürchtete das Gegenteil: »Der Sicherheitsstaat wird zunehmen, der Staat wird reduziert auf Formen des vorbürgerlichen Staates, der für Ruhe und Ordnung zu sorgen hat und sich aus dem Wirtschaftsgeschehen heraushält.« Es drohe »eine Pest des betriebswirtschaftlichen Denkens«.
Strasser fragte: »Was müßte man jetzt tun, erstens, zweitens, drittens?«
Steinbach wußte es.

»Wir müssen fragen, was kann geschehen, um den Westen in weiten Teilen der benachbarten Kultur, der islamischen Kultur, akzeptabel und akzeptiert zu machen,
so daß die Extremismen der Abwehr – und Bin Laden ist
eine extremistische Abwehr des Westens – nicht wieder-
kommen. Ganz grundsätzlich, es wird höchste Zeit, daß
wir Respekt haben vor einer fremden Kultur (Beifall) und
vor einer anderen Religion. (Beifall) ... Und damit uns der
anderen Seite akzeptabel machen, so erscheinen, wie wir
wirklich sind.«

Und ich hatte mir schon Sorgen um Steinbach gemacht.
Doch nun hatte er sich gefangen, redete über die »Irak-
und Palästina-Frage«, über die »Respektlosigkeit des Westens insgesamt vor anderen Menschen, in diesem Falle
ganz konkret vor einem Teil der islamischen Welt, nämlich vor den Palästinensern«, und bekam den fälligen Beifall.
»Dies ist der Nukleus der ganzen Geschichte«, rief er ins
Volk, »das ist der Humus, aus dem dann ein Bin Laden
entstehen konnte!«
Jetzt war die Katze doch aus dem Sack, ohne Palästina
kein Bin Laden, ohne Israel kein Terror. Und ohne Udo
Steinbach keine Aussicht auf Besserung.
Ziemlich am Ende will Grass noch auf »etwas aufmerk-
sam machen, das hier noch nicht erwähnt wurde«, und
nur ihm aufgefallen ist:

»Die Privatisierung des Terrors, das gibt es schon seit
vielen, vielen Jahren in fast allen James Bond-Filmen (La-

cher), diese Art von Kino, in erster Linie kommt das aus Amerika, hat all das schon vorweggenommen (Beifall), die Fülle der Katastrophenfilme, und es nimmt nicht wunder, daß in der jetzigen Notsituation das Pentagon an Hollywood herangetreten ist und Drehbuchschreiber aufgefordert hat, Drehbuchentwürfe zu machen, was eventuell den Terroristen an neuen Anschlagformen in den Sinn kommen könnte (Lacher). Eine größere Kapitulation des Militärs und der Politik ist mir nie über den Weg gelaufen (muß selber lachen), wie dieser Arbeitsvertrag, der dort gelaufen ist ...«

Ja, das finden die Besucher auch saukomisch, daß die Pentagon-Leute sich bei den Hollywood-Leuten Rat holen, statt Günter Grass zu fragen, wie man weitere Anschläge verhindern könnte, oder ein »Aussteigerprogramm« für Terroristen organisieren, mit dem man in der Bundesrepublik so gute Erfahrungen gemacht hat. Aber das können die Amis nicht, und deswegen muß Erhard Eppler ihnen sagen, was sie alles lernen müssen.

»Wenn das wahr ist, daß heute ein Privatmann mit Massenvernichtungsmitteln drohen kann, und wenn ein Terrorist wie Bin Laden die Folgen eines Terroranschlags mit Börsenspekulationen vorwegnehmen kann, und das scheint geschehen zu sein –«
An dieser Stelle ruft ein Mann aus dem Publikum: »Das weiß man doch gar nicht!« Denn man darf Bin Laden alles nachsagen, daß er ein Terrorist, ein Mörder, ein Verbrecher ist, aber Börsenspekulant, das geht zu weit, das ist

respektlos, das muß als Beleidigung zurückgewiesen werden. Eppler fährt fort:

»... das bedeutet auch die totale Kommerzialisierung dieser Art von Gewalt, wenn das so ist, dann müssen auch diejenigen, die Politik machen, in den Staaten unglaublich viel dazulernen. Noch selten mußten die so schnell lernen wie jetzt. Die müssen zum Beispiel lernen, die Amerikaner, daß es gegenüber der privatisierten Gewalt, und damit auch gegenüber dem Terror, keine Supermächte gibt, daß wir da alle gleich sind. Es könnte sogar so sein, daß gegenüber der privatisierten Gewalt gerade die Supermacht besonders attraktiv ist als Ziel und also besonders gefährdet ist. Und da kann manches total schieflaufen, die kann durchdrehen. (Eine Frauenstimme: Tut sie doch!) Wenn Sie meine Position jetzt hören wollen: Die Aufgabe der Europäer in dieser Situation ist, tatsächlich so nahe bei den Amerikanern zu bleiben, daß sie in dem Augenblick, wo die Amerikaner das alles lernen müssen, was sie lernen müssen, jemand da ist, der ihnen vertrauensvoll helfen kann und der dann auch noch Einfluß ausüben kann.«

Je länger die Muppet-Show auf der Bühne dauerte, um so unruhiger wurde es im Publikum. Man konnte spüren, wie es unter dem Deckel dampfte. Strasser aber ließ keine Wortmeldungen zu. Was Grass und Negt produzierten, sollte nicht durch Peinlichkeiten aus dem Saal übertroffen werden. Nach anderthalb Stunden faßte er noch einmal zusammen, was eben geschehen war.

»Wir sind am Ende dieser Veranstaltung, keineswegs am Ende des Nachdenkens über die komplizierten Probleme, die hier zur Sprache gekommen sind. Ich nehme an, daß nicht alle mit allem, was hier gesagt worden ist, zufriedengestellt sind, ich hoffe aber, daß deutlich geworden ist, daß trotz der notwendigen Solidarität mit den Opfern der Anschläge vom 11. September hier Mut gemacht worden ist, sich nicht unter dem Vorwand der Solidarität das Nachdenken über die Ursachen und die ganze Komplexität dieser Probleme verbieten zu lassen, denn wenn wir nicht über die Ursachen, die bedingenden Gründe dessen, was dort passiert ist, nachdenken, werden wir auch nie die richtigen Ansätze zur Befriedung der Welt finden können. Besten Dank.«

Wir hatten also nicht weniger erlebt, als den Versuch, die Welt zu befrieden, einen Versuch, der leider nicht zu Ende geführt werden konnte, weil die Diskussion aus hausinternen Gründen vor 22 Uhr beendet werden mußte.
So blieb es bei einer Zeitreise in die siebziger Jahre; als der Kampf gegen den »Konsumterror« auf der revolutionären Tagesordnung stand und man das richtige Bewußtsein zeigte, indem man keine Orangen aus Südafrika kaufte. Das waren auch für Eppler, Grass, Negt und Strasser die besten Jahre ihres Lebens. Jetzt lag alles hinter ihnen, nur nicht der Anspruch, die Welt retten zu müssen.

SO WAS KOMMT VON SO WAS:
DEUTSCHE TRAUER UND DEUTSCHE LEIDEN

Was da geschehen ist, ist – jetzt müssen Sie alle Ihr Gehirn umstellen – das größte Kunstwerk, das es je gegeben hat. Daß Geister in einem Akt etwas vollbringen, was wir in der Musik nicht träumen könnten, daß Leute zehn Jahre üben wie verrückt, total fanatisch, für ein Konzert und dann sterben. Das ist das größte Kunstwerk, das es überhaupt gibt für den ganzen Kosmos ... Da sind also Leute, die sind so konzentriert auf eine Aufführung, und dann werden 5.000 Leute in die Auferstehung gejagt, in einem Moment. Das könnte ich nicht. Dagegen sind wir gar nichts, als Komponisten ... Ein Verbrechen ist es deshalb, weil die Menschen nicht einverstanden waren. Die sind nicht in das »Konzert« gekommen.
Karlheinz Stockhausen am 16.11.2001 in Hamburg, zitiert nach dpa

Wer immer für diese Tragödie verantwortlich ist: Den Teufel in der Gestalt des Islams an die Wand zu malen, wäre eine falsche Reaktion. Fanatiker gibt es in allen Religionen. Es geht darum, den Fanatismus allgemein zu bekämpfen.
Hans Küng, zitiert im ND, 15./16.9.2001

Wenn die amerikanische Politik dieses Drama zum Anlaß nimmt, ihren Umgang mit anderen Staaten und Kulturen zu überdenken und zu begreifen, daß McDonald's und Pepsi keine Kulturgüter, sondern schnöder und ungeschminkter Kapitalismus sind; es zum Anlaß nimmt, nicht anderen Völkern vorschreiben zu wollen, daß nur der amerikanische Weg der Weg des Glücks ist, sondern die Kultur und die Geschichte anderer Erdteile achtet, verantwortungsvoll und sensibel mit der Rolle als letzte Großmacht unserer Tage umgeht – dann war der Tod der Tausenden in New York nicht ganz so sinnlos, wie er sich heute darstellt.
Leserbrief, Die Woche, 19.10.2001

Haben wir immer noch nicht verstanden, daß die westliche Demokratie jene Lebensform ist, in der man für seinen Feind verantwortlich ist – weil dieser die eigene Praxis widerspiegelt?
Peter Sloterdijk, Focus, 24.9.2001

Am 11. September haben ein paar Durchgeknallte Flugzeuge entführt und diese auf die Heiligtümer der USA abstürzen lassen. Seitdem übt sich die westliche Welt im Schulterschluß mit den Vereinigten Staaten und ruft zum Kampf gegen die Terroristen und rühmt sich damit, Beweise zu haben, die eindeutig gegen Bin Laden sprechen. Natürlich werden diese Informationen geheimgehalten, und kein normaler Bürger kann sich ein Bild darüber machen, ob diese Angriffe gerechtfertigt sind oder nicht.
Leserbrief, taz, 11.10.2001

Warum berichtet eigentlich niemand über die Menschen, die jeden Tag an Hunger/Durst sterben? Sind es nicht mindestens genauso viele, wie bei diesem zweifelsohne grausamen, menschenverachtenden Anschlag getötet wurden?
Leserbrief, DIE WELT, 15.9.2001

Wir wollen Solidarität, herzlichstes Mitgefühl mit den Amerikanern, so sehr wir nur können. Aber wir möchten die Amerikaner auch bitten, keine Strategie der Vergeltung, des Auge um Auge und der Rache zu üben, und wir möchten auch als Deutsche nicht in eine solche Strategie mit eingeplant sein ... Ich bin sicher, daß dieses Land keine Kämpfe des Guten gegen das Böse führen wird.
Antje Vollmer in der Berliner Zeitung, 17.9.2001

Was dabei gerne übersehen wird, ist, daß ausgerechnet jemand wie Bush die Wahlen nur mit den Stimmen aus dem Bible Belt gewinnen konnte: den Stimmen von fundamentalistischen Amerikanern, von religiösen Fanatikern ... Bush wundert sich dann, wenn aus anderen Teilen der Welt diese religiös-bewaffneten Antworten zurückkommen.
Klaus Theweleit, taz 19.9.2001

Selbst ich verspüre Ansätze von Genugtuung, daß auch die USA etwas verunsichert werden in ihrem selbstherrlichen Gefühl von Unverletzbarkeit. Es ist einfach nicht gut, alle Welt mit Hamburgern, MTV und Bomben traktieren und sich auf seinem Kontinent in absoluter Sicherheit wiegen zu können.
Leserbrief, Freitag, 26.10.2001

Eine der bitteren Fragen zum Attentat auf das World Trade Center lautet: Hätte die Welt ähnlich getrauert, wenn die Opfer in einem anderen Bauwerk, etwa, wenn sie auf offenem Feld umgekommen wären? Anders gefragt: Teilte sich die Symbolkraft des Ortes, an dem über Arm und Reich entschieden wird, der Form und Stärke des Trauerns mit?

Roger Willemsen, Die Woche, 9.11.2001

Wir müssen die Besetzerpolitik Israels gegenüber Palästina attackieren.

J. W. Möllemann bei Sabine Christiansen, 4.11.2001

Man sprach früher einmal von gerechten und ungerechten Kriegen. Es gibt keine gerechten Kriege, und niemand hat je einen Krieg gewonnen. Es gab immer nur unschuldige Opfer ... Mit diesem Krieg ... kann man den Terrorismus nicht bekämpfen. Man muß dem Terrorismus den Boden entziehen, und der ist die Armut der Menschen in der Dritten Welt. Hätte man vor fünfzig Jahren angefangen, die Dritte Welt besser zu behandeln, dann hätten wir heute diesen Terrorismus nicht.

Roman Weyl, ND, 3./4.11.2001

Wir antworten aus der christlichen Sicht: Die Alternative hat Jesus in der Bergpredigt gewiesen, die sagt, daß Haß und Gewalt nicht mit Haß und Gewalt zu beseitigen sind ... Die Spirale der Gewalt muß unterbrochen werden, ansonsten setzt sich das immer weiter fort. Und genau davor haben wir gewarnt: Solange die USA den Vergeltungskrieg nicht begonnen hatten, waren alle Sympathien der Welt auf ihrer Seite. Aber in dem Moment, in dem sie zurückschlugen, ging die Spirale der Gewalt los. Krieg führt niemals zum Ziel. Krieg bringt keinen Frieden ... Daß sich Deutschland schleichend wieder militarisiert hat, ist eine Schande für unser Land, das kann ich leider nicht sanfter sagen. Es erfüllt mich mit tiefer Trauer, daß Deutschland so tief gesunken ist.

Und der Bundeskanzler sichert in vorauseilendem Gehorsam die »uneingeschränkte Solidarität« zu, ohne zu wissen, was die Amerikaner tun werden. Das ist nicht nur peinlich, das ist eine Verantwortungslosigkeit gegenüber Deutschland! Das ist wie die »unverbrüchliche Freundschaft mit der Sowjetunion«, die wir hier im Osten immer gehört haben. Das ist einer Demokratie unwürdig!

Christian Führer, Pfarrer der Leipziger Nikolaikirche und Friedensaktivist, taz, 5.11.2001

Inzwischen gibt es präzise Opferzahlen. Unter den Trümmern des World Trade Centers liegen annähernd 5.000 Menschen begraben. Nach der numerischen Logik von Großmächten werden daraus demnächst mindestens 50.000 Kriegstote auf der anderen Seite. Noch leben sie, noch winken sie mit den weißen Fahnen der ohnmächtigen Zivilisten, genau wie die Büroangestellten im lodernden Käfig der Twin Towers, die Investmentbanker, Agenten, Computerspezialisten und ihre Briefträger und Sekretärinnen. Doch schon sind sie alle dem Tode geweiht.

Durs Grünbein, FAZ, 19.9.2001

Schwer geschockt von den Ereignissen, stelle ich mir nun die Frage: Was passiert, wenn sich verrückte Terroristen entscheiden, ihren Flieger nicht in einen Wolkenkratzer, sondern in ein Kernkraftwerk zu steuern? Obwohl die Verluste an menschlichem Leben erschütternd sind, ist offensichtlich, daß die Angriffe symbolischen Zielen galten. Was passiert aber, wenn uns jemand wirklich hart treffen will?
Leserbrief, Berliner Zeitung, 15./16.9.2001

Gewalt wird nicht nur von Terroristen ausgeübt. Die USA haben jahrzehntelang mit Gewalt unliebsame Regierungen beseitigt, ohne Skrupel zu zeigen. Die Kriege in Korea, Vietnam und im Golf, die Einmischungen in Grenada, Panama etc. wurden doch nicht gewaltfrei von Unschuldsengeln durchgeführt. Sie führen nach Belieben und nur nach ihren Maßstäben Krieg auf dem ganzen Erdball, weil sie ihre Auffassungen allen Völkern aufdrücken wollen.
Leserbrief, Berliner Zeitung, 15./16.9.2001

Die Blockhütte liegt in Asche, 6.000 Gute sind skalpiert, die Verfolger holen die Gewehre aus dem Regal und satteln ihre Marschflugkörper. Bloß sind keine Indianer greifbar. Greifbar ist das ständig wachsende Loch »ausbleibender Vergeltung«. So muß die stündlich wiederholte Versicherung helfen, die Twin Towers wieder aufzubauen, größer, schöner, sicherer.
Klaus Theweleit, Der Tagesspiegel, 20.9.2001

»Teuflischer Anschlag auf die Türme von Babylon!« Bei
allem Entsetzen, aller Empörung – können oder müssen
diese Terrorakte nicht auch einmal so gesehen werden?
Ist es vielleicht so, daß wir, der Westen mit den USA als
dominierender Führungsmacht, einem ungeheuren Maß
an Selbstüberschätzung zum Opfer gefallen sind? ... Weltweit einer Freiheit zum Durchbruch verhelfen wollen, die
in weiten Bereichen, auch in der Kultur, nur noch auf
Zügellosigkeit und Enthemmung hinausläuft?
Leserbrief, DIE WELT, 19.9.2001

Ein Symbol der westlichen technologisierten Welt stürzt
zusammen und begräbt Tausende von Menschen unter
sich. Die Welt trägt halbmast. 200.000 Menschen zeigen
in Berlin nicht nur Loyalität und Solidarität, sondern auch
ihre Mentalität. ... und in Afrika sterben Kinder. Kinder,
die noch nie ein Schulbuch in der Hand hielten, Kinder,
die noch nie einen Hotdog an einem Imbißstand gesehen
haben, Kinder, für die Internet ein Fremdwort ist, in
Frankfurt steigt ein Kinderschänder ins Flugzeug nach
Thailand und die Slums der Welt werden ungesehen größer ... Bushs Raketentests geraten in Vergessenheit, die
Weltklimakonferenz kühlt ab, und wir trauern. Trauern
um viele Tote, während Kinder weitersterben ... Auf einmal sind wir alle Amerikaner (ich habe noch nie jeman-
den sagen hören, daß er Afrikaner sei) ...
Leserbrief, DIE WELT, 19.9.2001

War die Vernichtung von Hiroshima und Nagasaki und
das dadurch entstandene menschliche Leid notwendig?

Wer hat jahrelang Vietnam mit Giftbomben belegt? Wie viele Opfer sind dadurch zu beklagen? ... Mit welchem Recht unterstützen wir die, die das palästinensische Volk seit 53 Jahren unterdrücken und vertreiben? Schürt dies nicht Verzweiflung und Haß in den muslimischen und arabischen Ländern?

Tragen wir nicht mit unserer Wirtschaftspolitik zur Verarmung der Länder der Dritten Welt bei?

Leserbrief, FR, 19.9.2001

In New York und Washington sind mehrere tausend Menschen unter tragischen Umständen umgekommen. Gleichzeitig wissen wir, daß täglich viele tausend Menschen weltweit an Unterernährung oder eigentlich harmlosen Krankheiten sterben. Ist es nicht eine unerhörte Ungleichbehandlung, das Mitgefühl mit den Terroropfern so nachdrücklich und vielfältig zum Ausdruck zu bringen und gleichzeitig nur äußerst selten ein Wort über Hunger- und Krankheitsopfer in der Dritten Welt zu verlieren?

Leserbrief, DIE WELT, 21.9.2001

Die Opfer nun mögen mir verzeihen, aber beim Anblick der zerstörten Gebäude Pentagon und Twin Towers huscht mir auch ein Lächeln über das Gesicht. Bislang haben die Amerikaner der USA immer nur Zerstörungen außerhalb ihres Landes angerichtet. Jetzt erfahren sie einmal selber, was es heißt, Opfer zu sein.

Leserbrief, DIE WELT, 21.9.2001

Wir Mitarbeiter am Goethe-Institut Freiburg halten das Wort vom »Kreuzzug« gegen die Terroristen für nicht hilfreich. Wer zur Begründung militärischer Aktionen die Religion ... bemüht, instrumentalisiert sie in unzulässiger Weise für politisch-militärische Aktionen und argumentiert auf der Ebene jener, die terroristische Gewalt mit dem »Heiligen Krieg« rechtfertigen.
Leserbrief, SZ, 24.9.2001

Wer hinterfragt schon ..., warum ausgerechnet die USA von dem unbändigen Haß aus der Dritten Welt heimgesucht worden sind? Gilt auch hier der abgewandelte Spruch: »Wer Armut sät, wird Haß ernten?«
Leserbrief, DIE WELT, 21.9.2001

Wir trauern um die Opfer terroristischer Gewalt. Aber wir trauern auch um die Opfer skrupelloser ökonomischer Interessen, die fernab jeder öffentlichen Diskussion geschehen:
– Über 3.000 Menschen sterben jeden Tag an Lungenkrebs. Eine der vermeidbaren Hauptursachen ist die Luftverschmutzung ...
– Bei dem Anschlag in den USA kamen über 6.000 Menschen ums Leben. Dies ist dieselbe Anzahl Menschen, die in den USA jeden Monat und in Deutschland alle zwei Monate an den vermeidbaren Nebenwirkungen von Pharma-Präparaten ums Leben kommen.
Dr. med. Matthias Rath in seinem als Anzeige veröffentlichten »Aufruf zum Frieden!«, SZ, 24.9.2001

Wer in der angeblich so zivilisierten westlichen Welt jähr-
lich Dutzende von Rambo- und Terminator-Filmen produziert und weltweit verkauft, sollte nicht darüber erstaunt
sein, daß einige Menschen diese Terroristen-Lektionen
auch lernen.
Leserbrief, Berliner Zeitung, 22./23.9.2001

Sicherlich ist die Anzahl der Opfer in den USA erschreckend hoch, jedoch gab es in den letzten Jahren genug Katastrophen, wie beispielsweise die Wirbelstürme
und Überschwemmungen oder den Bürgerkrieg in Soma-
lia. Diese Ereignisse haben das öffentliche Leben oder die
Berichterstattung nicht annähernd so stark eingeschränkt
wie der Terrorakt, obwohl sie weitaus mehr unschuldige
Opfer gefordert haben.
Leserbrief, Berliner Zeitung, 22./23.9.2001

Man wird dem Terror noch so viele Köpfe abschlagen
können – es wird aus dem von den Vereinigten Staaten
und Israel zu verantwortenden politischen Sumpf der per-
manenten Erniedrigungen und Ungerechtigkeiten gegenüber der arabischen Welt immer eine hundertköpfige
Hydra nachwachsen. Nur wenn dieser politische Sumpf
trockengelegt wird, wird die Triebfeder und der Resonanz-
boden des Terrors entfallen ... Wer das nicht sieht, ist
blind – oder er will es nicht sehen, um der fortgesetzten
rücksichtslosen Durchsetzung der Interessen der Vereinigten Staaten und Israels im Nahen Osten die Leiter
zu machen. Das Menetekel steht blutig an der Wand.
Leserbrief, FAZ, 2.10.2001

Der Tod der Menschen im World Trade Center mahnt nicht zur barbarischen Rache. Vielmehr sollte er Anlaß sein, endlich über soziale Ungerechtigkeiten in der Welt, zwischen den Menschen, zwischen Ländern und besonders zwischen der Ersten und der Dritten Welt nachzudenken und diese Unterschiede wirksam und schnell abzubauen. Ein Angriffskrieg der USA macht die Welt noch unsicherer; er würde die Toten des World Trade Center noch einmal töten.

Leserbrief, Berliner Zeitung, 22./23. 9. 2001

Das Attentat auf das World Trade Center hat die »Spaßgesellschaft« betroffen gemacht. Trauer und Schock über so viele Tote. Richtig und menschlich – doch was ist mit den anderen Toten? Wann haben wir je in dieser Form auf die Bombardierungen von kurdischen Dörfern, auf das Massensterben im hungernden Afrika, auf die Erschießung von palästinensischen Kindern reagiert? ... Trauern wir! Aber trauern wir bitte nicht mit zweierlei Maß!

Leserbrief, Die Woche, 5. 10. 2001

Solange unsere einzige Erde von derart riesenhaften Diskrepanzen in der Verteilung der Früchte, Waren und Dienstleistungen zwischen Norden und Süden ... zwischen Übergewicht und Fettsucht bei uns und stündlich 800 verhungerten Kindern in den unterentwickelten Ländern geprägt ist, wird sich der Kreislauf struktureller Gewalt bis hin zum Kamikaze-Terrorismus nicht durchbrechen lassen.

Leserbrief, taz, 28. 9. 2001

Nein zum Mord an Unschuldigen
Offener Brief an Bundeskanzler Gerhard Schröder
Sehr geehrter Herr Bundeskanzler, wir ... verurteilen den verbrecherischen Terrorakt in den USA aufs schärfste und fordern die Bestrafung der Schuldigen. Bei aller Trauer und verständlichen Wut muß der Artikel 1 der UN-Charta, »den Weltfrieden und die internationale Sicherheit zu wahren«, vor der UNO zur Anwendung kommen. Nicht die NATO, die UNO ist gefordert ... Bis zur eindeutigen Klärung der Schuldfrage ist der Bündnisfall nach Artikel 5 des Washingtoner Vertrages für die NATO-Mitgliedstaaten nicht gegeben! ... Wir haben den Zweiten Weltkrieg und seine Auswirkungen miterlebt und möchten unseren Kindern und Enkeln dieses Trauma ersparen.
Die Unterzeichner sind ehemalige Offiziere der bewaffneten Organe der DDR.
ND, 2.10.2001

Die US-Politik hat in der Nachkriegszeit mehr Menschenleben gekostet als alle Terroranschläge der Welt zusammen, zuzüglich jener, die mit US-Unterstützung begangen wurden.
taz-Kommentar, 27.9.2001

Dieser Terror ist nicht die Ausgeburt eines finsteren, rückständigen und fremdartigen Fundamentalismus. Er spiegelt die Höhe der westlichen Zivilisation in doppelter Weise. Er bedient sich ihrer technischen Errungenschaften, ihrer Logistik, Präzision und Geschwindigkeit. Zugleich ist er Teil ihrer eigenen Negation, ihrer Destruktivität und zerstörerischen Gewalt – ein Angriff auf die Zivilisation aus ihrem eigenen Kern. ... Er ist nicht gegen die Symbole der Kultur und Befreiung, die Freiheitsstatute, das Museum of Modern Arts oder Covent Garden gerichtet, sondern gegen die Symbole der weltweiten Herrschaft und militärischen Gewalt.

Norman Paech, Professor für öffentliches Recht, ND vom 6./7.10.2001

Die wachsende Kluft zwischen armen und reichen Ländern schürt Neid und Haß auf den Westen. Natürlich muß Terrorismus bekämpft werden, doch man muß die Ursachen suchen und nicht nur die Symptome bekämpfen. Der »Feind« darf nicht als das Böse entmenschlicht werden. Solange die Welt immer nur in schwarz und weiß, in gut und böse eingeteilt wird, wird es Kriege geben. »Auge um Auge, Zahn um Zahn«, heißt es im Alten Testament. Wie lange wird das gehen? Wie viele Zähne haben wir übrig?

Leserbrief, Berliner Zeitung, 29./30.9.2001

Die offensichtlich gegen einige Machtzentren in den USA gerichteten Anschläge haben wie in jedem Krieg vor allem Unbeteiligten Tod, Gesundheits- und Vermögensverlust gebracht; Unbeteiligten, soweit sie nicht im Pentagon gerade über der Planung eines neuerlichen Krieges, Putsches oder sonstigen Militärschlages in der Welt gesessen haben und nun daran gehindert sind.

Leserbrief, ND, 9.10.2001

Im direkten Videovergleich machte Bush eine schwache Figur. Zwangsmarkig dröhnte er seine Botschaft an die Welt in sie hinein.

Bin Laden wirkt dagegen entspannt, wie ein knuffeliges Maskottchen des internationalen Terrorismus.

Wiglaf Droste in seinem taz-Kriegstagebuch, 10.10.2001

Amerika sollte wissen, daß »der Sturm der Flugzeuge« nicht aufhören wird – diese Terror-Drohung ist der Kernsatz der gestrigen Erklärung von al-Kaida. Was bedeutet er? Der Verdächtige weist den Vorwurf, das Verbrechen am 11.9. begangen zu haben, nicht zurück. An Stelle dessen suggeriert al-Kaida, daß ähnliches wieder geschehen könnte, freilich ohne »wir werden« zu sagen, ohne eine eigene Täterschaft anzukündigen. Dies ist also kein Schuldeingeständnis, wie Tony Blair gestern triumphal verkündete – weder im wörtlichen Sinn noch juristisch.

taz-Kommentar »Bin Ladens al-Kaida droht mit Terror – das nutzt den USA«, 11.10.2001

Parallel zu dem legitimen Versuch, den weltweiten Terrorismus zu bekämpfen, müßten die USA, müßte die westliche Allianz einen Beitrag dazu leisten, die legitimen Interessen der Palästinenser zu befriedigen, oder mit anderen Worten: Israel endgültig zu einer friedlichen Lösung des Palästinaproblems zu bewegen, denn die Fackel, die immer wieder das Feuer des von islamischen Fundamentalisten ausgehenden Terrorismus entfacht, liegt zweifelsohne im israelisch-palästinensischen Konflikt.

Leserbrief, Der Tagesspiegel, 14.10.2001

Jetzt spielt al-Kaida das Spiel weiter: Gegen die hochge-
rüsteten Flugzeugträger, Bomber und Spezialeinheiten
Großbritanniens und der USA stehen einfach gekleidete
Leute, die mit einer Kalaschnikow irgendwo im Gebirge
auf dem Boden sitzen, zum Kampf gegen einen über-
mächtigen Gegner aufrufen und jetzt auch noch klare
Kriegsziele formulieren: Befreiung Palästinas, Rückzug
der USA aus Saudi-Arabien, Ende der Sanktionen gegen
den Irak.
*taz-Kommentar »Osama bin Laden wird zur Ikone – und die
USA helfen ihm dabei«, 12.10.2001*

Osama bin Laden hat den Krieg gegen Christen und Ju-
den, gegen jegliche Zivilisation ausgerufen und begonnen.
Doch demokratische Politik darf Krieg nicht mit Krieg,
sondern muß ihn mit der Suche nach Frieden beantwor-
ten. Entscheidend ist dabei die Verhältnismäßigkeit der
Mittel. Das Leben Unschuldiger besitzt oberste Priorität.
Der wichtigste Maßstab ist die Rechtsstaatlichkeit des
Handelns.
Gabi Zimmer, Vorsitzende der PDS, ND, 13./14.10.2001

Etwa eine Million Frauen, Männer und Kinder sind [in
Ruanda 1994] ermordet worden, ohne daß Fahnen auf
halbmast gesetzt worden wären. Jetzt sind US-Ziele angegriffen worden. Bundeskanzler Gerhard Schröder hat
das gestern als einen »Anschlag auf das, was unsere Welt
im Innersten zusammenhält«, bezeichnet. Man möchte
hoffen, daß der SPD-Vorsitzende damit nicht die symbolische Bedeutung von Pentagon und World Trade Center

gemeint hat. Vielleicht hätte er ja sogar damit recht – aber so weit liegt das Zeitalter der Aufklärung denn doch nicht zurück, daß ein demokratisch gewählter Regierungschef Militär und Handel öffentlich als die höchsten Werte bezeichnen sollte.

taz, 13.9.2001

Vergessen wir nicht, nicht *wir*, nicht Europa oder die Welt, sondern allein die USA wurden angegriffen, und obwohl dieses Verbrechen durchaus ein Verbrechen mit landesübergreifenden Konsequenzen sein kann, sollte man niemals Gleiches mit Gleichem vergelten ... Man nenne mir einen guten Grund, warum sich wieder Deutsche im Rahmen irgendwelcher NATO-Verpflichtungen an militärischen Aktionen beteiligen müssen!

Leserbrief, ND, 25.10.2001

Es wird das Gedenken an die Tausenden Toten geschändet, wenn ihr Tod für einen Akt von monumentalem Staatsterrorismus mißbraucht wird. Müßte ihrem Sterben nicht Sinn gegeben werden durch die Erkenntnis, daß nur eine menschenwürdige Politik, ohne Ausbeutung und Unterdrückung, ohne Arroganz gegenüber armen und von Naturkatastrophen geschwächten Ländern, Frieden auf Erden schaffen kann. Globale Solidarität gegen globale Herrschaftsansprüche!

Leserbrief, ND, 25.10.2001

Weiß man denn nicht, in Washington und anderswo, daß die Hydra viele Köpfe hat, die um so schneller nachwachsen, je mehr wir auf sie eindreschen? ... Eine kluge und realistische Selbstverteidigungs-Strategie hätte darin bestanden, das Entsetzen über die Anschläge des 11. September wachzuhalten und gegebenenfalls mit ökonomischem und politischem Druck sanft nachzuhelfen.

SZ-Kommentar, 10.10.2001

So bedauerlich der Tod von 7.000 Menschen in New York ist, gemessen an dem, was sonst noch geschieht auf der Welt, handelt es sich vergleichsweise um eine Lappalie.

Wiglaf Droste im Kriegstagebuch der taz, 12.11.2001

So was kommt von so was.

Flugblatt der PDS Hamburg

Nur wenige Tage dauerte der Zustand des unmittelbaren Schocks. Fassungslosigkeit beherrschte die meisten Menschen. Die Bilder der Terrorangriffe auf das World Trade Center in New York und das Pentagon in Washington am 11. September 2001, teilweise live im Fernsehen zu verfolgen, sprengten das bisherige Vorstellungsvermögen.

Selten war das deutsche Wort vom »Schrecken« treffender als in diesem Augenblick. Noch während Tausende Menschen in den brennenden Zwillingstürmen Süd-Manhattans um ihr Leben rannten, rasten die Gedanken von Millionen rund um den Globus: Ist das der Beginn des Dritten Weltkriegs? Wann fliegt das nächste von Selbstmordattentätern gekaperte Flugzeug in ein Hochhaus? Oder auf ein Atomkraftwerk, in eine Chemiefabrik, in dicht besiedelte Wohngebiete? Und was ist mit biologischen Waffen? Verfügen wahnsinnige Terroristen vielleicht schon über Plutonium, die »schmutzige Bombe«?

Plötzlich, wie aus heiterem Himmel, stand das Leben auf dem Spiel. Nicht unbedingt das Leben jedes einzelnen, aber doch die vergleichsweise beschützte Normalität des alltäglichen Lebens in der westlichen Welt. Viele blickten bei herannahendem Flugzeuglärm unwillkürlich nach oben und erinnerten sich: Auch Frankfurt am Main hat eine Skyline, die islamistische Fanatiker provozieren könnte.

Die verspiegelten Zwillingstürme der Deutschen Bank, der Messeturm, die Europäische Zentralbank – allesamt gottlose Götzenbilder des Mammon, Symbole der Verderbtheit des ungläubigen Westens.

Doch nach ein paar Tagen wurde deutlich: Kein Schock und kein Schrecken dieser Welt kann so groß sein, daß er deutsche Intellektuelle, Modemacher, Bänkelsänger und andere Talk-Show-Prominente im Kern moralisch erschüttern oder geistig irritieren könnte.

Im Gegenteil. Ob Roger Willemsen, Wolfgang Joop oder Oskar Negt, der gleich auch noch Karl Marx' Geschichtsphilosophie triumphieren sah – aus vielen Reaktionen sprach eine bemerkenswerte Eiseskälte, die emotionale Unberührbarkeit der Abstraktion, die so gar nicht zur handelsüblichen Betroffenheitsprosa passen wollte.

Jene, die ständig von der Notwendigkeit einer ganz anderen Welt schwadronieren, von der globalen Umwälzung der Verhältnisse, von radikalen Veränderungen des Bewusstseins, kennen in Wahrheit nur eine Welt: Es ist die kleine Welt ihres eigenen unverbrüchlichen Denkens. Nie und nimmer läßt es sich von der Wirklichkeit beirren, von der bösen Welt da draußen – gar auf gefährliche Gleise eines neuen Nachdenkens locken.

Nein. Nein. Nein. Das wäre Verrat an der Vergangenheit, an den alten Feindbildern, den alten Idealen. Mit denen ist man uneingeschränkt solidarisch. Auf immer und ewig.

Deshalb lautete von Anfang an die tausendfach kopierte und variierte Parole: »Der Westen muß die Kraft finden, zu fragen, was er falsch gemacht hat.«

So postulierte es Literatur-Nobelpreisträger Günter Grass und so plapperten es viele nach. Die unmittelbaren Opfer der Anschläge wurden zu den »strukturellen« Tätern. Ideologiekritische Ursachenforschung wurde zur ersten Denkerpflicht, während die Trümmer des World Trade Center noch rauchten.

Woher kommt bloß der Haß? fragten viele scheinheilig und hatten doch schon die Antwort parat: Vietnam, Chile, Nicaragua, Golfkrieg, Israel, Klimakatastrophe, Globalisierung und Dritte Welt – Amerika war selber schuld. Die alten europäischen Kolonialmächte Spanien, Portugal, Frankreich, England, Belgien und Holland kamen dagegen ungeschoren davon.

Maliziös wurde Osama bin Laden zum virtuellen Rächer der Gedemütigten und Enterbten ernannt, zum bösen Zwillingsbruder von Georg W. Bush. Ein islamischer Ché Guevara des 21. Jahrhunderts, unheimlich, milde lächelnd und unbesiegbar. »Egal was passiert, er hat schon gewonnen«, raunten die Islam-Experten und warnten auf allen TV-Kanälen vor der Arroganz und der Unsensibilität des Westens.

Der alte linke Alarmismus lief auf Hochtouren – und er wußte ganz genau: Die amerikanischen Bomben würden das Taliban-Regime und die afghanische Bevölkerung nur weiter fest zusammenschweißen. Für jeden getöteten Muslim würden tausend neue Bin Ladens erstehen. Ein Desaster war im Anmarsch – die völlige Zerstörung Afghanistans, eine Art zweites Vietnam. Der virtuelle Weltenbrand loderte schon am Horizont.

Als der große Knall kam, mussten viele aufgeklärte Zeitgenossen dann nur noch in die Schublade ihres kritischen Grundwissens greifen. Und siehe da: Die alten Reflexe stimmten. Stellvertretend für einen Großteil der intellektuellen Klasse schwenkte Günter Grass den 22 Jahre alten Bericht der »Nord-Süd-Kommission« Willy Brandts wie andere einst die Mao-Bibel.

»Da steht alles schon drin«, sagte er in der Berliner »Akademie der Künste«.

Das war die Losung nach dem 11. September: Nichts Neues unter der Sonne. Alles schon gesagt. Hat nur niemand zugehört.

Für wahre deutsche Denker gilt: Was damals richtig war, kann heute nicht falsch sein. Damals – das sind in diesem Fall die siebziger Jahre des 20. Jahrhunderts, als alles noch schön klar war:

Rechts und links, oben und unten, arm und reich.

Der Marxismus erklärte fast alles, und was nicht exakt in die historisch-materialistische Analyse paßte, wurde zum Nebenwiderspruch degradiert. Zum Beispiel Frauen, Religion, der Blues, Hollywood, der Erfolg von Coca-Cola, Nike und McDonald's.

Deshalb macht es vielen prominenten Interpreten des 11. September und seiner Folgen, die oft schon die siebzig überschritten haben, auch heute nichts aus, daß ihre Thesen mit der Realität allenfalls zufällige Berührungen aufweisen.

Die erschreckende Inkompetenz der kommentierenden Klasse, die in diesem Buch so fulminant dokumentiert ist, die flagrante Unfähigkeit, sich mit den neuen weltpolitischen Herausforderungen ernsthaft auseinanderzusetzen, bedarf allerdings selbst der Erklärung.

Denn selten zuvor wurde derart offenkundig, wie sehr die einstige intellektuelle Avantgarde der Bundesrepublik gegenüber der unter hohem Zeit- und Entscheidungsdruck regierenden Politik ins Hintertreffen, ja ins politische und ideologische Abseits geraten ist.

Bei vielen prominenten Äußerungen – von Walter Jens bis Franz Xaver Kroetz, von Martin Walser bis Friedrich Schorlemmer – konnte man den Eindruck gewinnen, die Kritiker hätten nicht einmal die vorderen politischen Seiten der großen Tageszeitungen studiert. Nie waren sie auf dem letzten Stand der Nachrichten, schon gar nicht auf der Höhe der Zeit.

Zu sehr waren sie mit jenen vermeintlich »wahren« Hintergründen des Geschehens beschäftigt, die sich bei näherem Hinsehen als uralte rhetorische Tapetenmuster aus dem hauseigenen Altpapiercontainer erwiesen.

All die obskuren pseudotheoretischen Abwehrreflexe, unter denen der Muff von dreißig Jahren moderte, waren, von rühmlichen Ausnahmen abgesehen, durchaus repräsentativ für eine intellektuelle Klasse, die die Differenzierung des Denkens immer nur bei anderen einklagt, während sie selbst dummen Verschwörungstheorien und billigen Klischees vom amerikanischen »Cowboy« anhängt, der angeblich gar nicht genug kriegen kann vom Schießen und Bomben.

Das Beharren auf Irrtümern, das Ignorieren wichtiger Tatsachen, gilt vielen lautstarken Kritikern schon als eigenständige moralische Leistung.

Als das brutale Taliban-Regime Afghanistans schon zusammengebrochen war, als die Menschen in Kabul und Kundus über ihre Befreiung jubelten, ja, noch als die Afghanistan-Friedenskonferenz auf dem Bonner Petersberg zum Erfolg geführt hatte, da wiederholten sie ihr Mantra der Wirklichkeitsverweigerung: Krieg löst keine Probleme. Krieg trifft immer nur die Unschuldigen. Krieg bringt nur neuen, noch schlimmeren Terror hervor. Und wenn doch nicht, dann bestimmt der nächste Krieg. Oder der übernächste.

Nicht der öffentliche Streit über die tatsächlichen Entwicklungen am Ort des Geschehens, nicht die sehr realen Probleme, Gefahren und Perspektiven standen hier im Mittelpunkt, sondern ein Gespensterdiskurs, der im Spukschloß der Vergangenheit spielte.

So kulminierte die intellektuelle Debatte in den Feuilletons und Talk-Shows der Republik im Phänomen einer verkehrten Welt: Nicht etwa die islamische Welt fragte sich – oder wurde gefragt –, wie sie die Söhne des terroristischen Wahnsinns, diese »gottlosen Nihilisten« (Michael Ignatieff), eigentlich hervorgebracht habe; weit gefehlt – im Westen schlug man sich an die Brust: Was haben wir bloß falsch gemacht?

Daß sich hier eine ganz eigene Art von intellektuellem Hochmut und autoritär-paternalistischer Entmündigung der arabischen Welt artikulierte, käme den berufsmäßigen Vordenkern natürlich nie in den Sinn.

Plötzlich erschien jene säkularisierte westlich-europäische Kultur, in der Kritik und Selbstkritik, Protest und Subversion eine primäre, endemische Triebkraft sind, als monolithischer Block des wahrhaft Bösen und global Gewalttätigen, während die Taliban-Kultur, in der nicht nur die Frauen absolut rechtlos waren, als Opfer einer jüdisch-angloamerikanischen Verschwörung posieren konnte – als verzweifelte Geisel der satanischen Globalisierung, die aus nackter Not gezwungen ist, unschuldige Tore in Fußballstadien zu Galgen umzufunktionieren.

Geradezu dankbar nahmen da viele irritierte Geister im Westen die These der indischen Autorin Arundhati Roy auf, Bin Laden sei der »brutale Zwilling alles angeblich Schönen und Zivilisierten«, ja geradewegs die Teufelsbrut von Wall Street und State Department, »aus der Rippe einer Welt gemacht, die durch die amerikanische Außenpolitik verwüstet wurde«.

Mehr noch: Roys schwarze Liste der Verbrechen Amerikas und seiner Verbündeter, die unterschiedslos Hiroshima und den Kosovo-Krieg gegen Milošević, Vietnam und den Kampf gegen Diktator Saddam Hussein aneinanderreiht, legte nahe, daß die Vormacht des Westens ein viel schlimmerer Teufel sei als das Taliban-Regime der erbarmungslosen Gotteskrieger.

Es schien, als seien alle Maßstäbe durcheinandergeraten, als gebe es allenfalls graduelle Unterschiede zwischen Barbarei und Zivilisation: Allein schon dieses Wort geriet in Verdacht, westlichen Hochmut zu befördern. Lieber sprach man von der »angeblichen Zivilisation«.

So geschah es auch mit »Gut« und »Böse«, Begriffe, die

nur noch als dumpfe Propagandavokabeln der psychologischen Kriegsführung dechiffriert wurden. In der spezifischen Dialektik einer kurzgeschlossenen Kulturkritik sind alle Katzen grau – solange das Grauen nur weit genug weg ist und der Italiener um die Ecke nah.

So redeten die einen von ihrem großen Gott, die anderen von ihrer großen Arroganz. Die einen wußten, daß Allah mit ihnen ist, die anderen kämpften mit Alice Schwarzer gegen sich selbst: »Alle, die diesem Krieg zustimmen, werden sich eines Tages von ihren Kindern und Kindeskindern fragen lassen müssen: Warum hast du mitgemacht?«

Ein »Clash of Civilizations« jedenfalls, die notorische These des amerikanischen Politologen Samuel Huntington, wurde von der Mehrzahl der westlichen Intellektuellen tapfer geleugnet – ebenso wie die Vermutung, der neue Terror habe seine Wurzeln auch in der Rückständigkeit des Islam und seinem höchst ambivalenten, von Minderwertigkeitsgefühlen geprägten Verhältnis zur westlichen Moderne.

Auf keinen Fall, so warnten Nahost-Experten fast unisono, sollte man den Fehler machen, Osama bin Laden »mit dem Islam gleichzusetzen«. Er habe mit dem Islam »ähnlich viel gemein wie die Kreuzfahrer mit der Bergpredigt«.

Die Tatsache, daß die westlichen Fürsprecher des Islam gleichzeitig prophezeiten, Bin Laden werde zum Helden und Märtyrer der islamischen Massen, schien diese Argumentation nicht zu stören – sowenig wie der Umstand, daß die mittelalterlichen »Kreuzritter« in der islamischen Welt bis heute der Inbegriff des Christentums und seiner »ungläubigen« Anhänger sind.

Vom rasenden Judenhaß der Islamisten, von den antisemitischen Verschwörungstheorien in der Tradition der berüchtigten »Protokolle der Weisen von Zion« war schon gar nicht die Rede.

Auch das drohende Bekenntnis des »Kalifen von Köln«, Metin Kaplan – »Islam und Demokratie werden niemals miteinander vereinbar sein« –, irritierte nur wenige.

Nein, bei den Versuchen, den islamischen Kontext der terroristischen Untaten wegzuerklären, ging es vor allem um die unwillkürliche Angst, der Westen könne, von extrem gewaltbereiten islamischen Fanatikern angegriffen, nun seinerseits fundamentalistisch reagieren und seine multikulturell-religiöse Toleranz aufgeben.

So warnten der Grafiker Klaus Staeck und der Publizist Johano Strasser öffentlich vor einem westlichen »Weg in die Barbarei«, während Günter Grass, Peter Rühmkorf und viele andere gleich einen »Totalitarismus neuer Art« heraufziehen sahen – nicht etwa als Folge einer Talibanisierung des Orients, sondern der »neoliberalen« Globalisierung im Westen.

Dieser Reflex war charakteristisch, und er offenbarte, neben allerlei politischer Unkenntnis, Verharmlosung und Abwehr des schwer Erklärlichen, das unsichere, zwiespältige, teils von Selbstverachtung geprägte Verhältnis des Westens zu seiner eigenen Kultur – die seltsame Geringschätzung seiner Werte und Errungenschaften, seiner Freiheiten und seiner Identität.

Die absurde Gleichsetzung der »Denkstrukturen« Bin Ladens mit denen des amerikanischen Präsidenten, wie sie »Tagesthemen«-Moderator Ulrich Wickert, Arundhati Roy aufnehmend, unterlief, war eben mehr als ein Fauxpas.

Denn auch auf der anderen Seite des politisch-ideologischen Spektrums war jener merkwürdige Kulturrelativismus zu beobachten, der den prinzipiellen Unterschied zwischen einer liberalen, offenen Gesellschaft und einem totalitären Gottesstaat zu verwischen sucht.

Der stets düster dräuende Schriftsteller Botho Strauß setzte seinen »Anschwellenden Bocksgesang« von 1993 ein weiteres Mal fort und beschrieb im *Spiegel* jenen Augenblick, »als die Türme von Manhattan, diese Schwurfinger des Geldes, mit einem fürchterlichen Schlag abgehackt wurden«, derart, als würde hier am Ende doch und ganz zu Recht das Symbol des westlichen »Mammonismus« vernichtet.

Im *stern*, dem aufgeklärten Wochenmagazin für die mammonistisch geprägte Mittelschicht, zelebrierte der Kolumnist Heinrich Jaenecke unter der Überschrift »Kreuzzug ins Leere« beispielhaft das ganze Elend dieser rechts wie links so außerordentlich populären Selbstverachtung westlicher Kultur.

Dem »totalitären Selbstbildnis Amerikas« stehe »spiegelbildlich der gleiche Wahn auf der anderen Seite gegenüber« – dieser selbst wahnhaften Diagnose folgt das gesellschaftliche Zerrbild einer Kulturschickeria, die am Champagner nippend in den Ausschnitt irgendeines busenstarken TV-»Luders« schielt, während sie sich bei dem

Gedanken schüttelt, ihre dekadenten Freiheiten womöglich auch der Landbevölkerung in der usbekischen Steppe zumuten zu müssen.

Die Botschaft scheint klar: Bleibt lieber zu Hause, ihr authentisch Geschundenen – da, wo es immerhin noch warm und gemütlich zugeht, auch in der kleinsten Hütte, wo es kein McDonald's gibt und kein MTV, dort, wohin soziale Kälte und die Skrupellosigkeit der »neuen Mitte« noch nicht eingezogen sind, wo die guten alten Traditionen wie die Scharia noch gelten.

Während der amerikanische Patriotismus mal belächelt, mal beneidet, mal gefürchtet wird, hat sich hierzulande eine regelrechte Phobie entwickelt, wenn es darum geht, ausnahmsweise einmal die Vorzüge der eigenen Lebensweise zu preisen.

So war es kein Zufall, daß ausgerechnet Salman Rushdie, der jahrelang von einer islamischen Fatwa bedrohte indische Schriftsteller, eine vorläufige, aphoristische Antwort auf die Frage gab, welche Werte es denn seien, die der Westen selbstbewußt zu verteidigen habe. »Der Fundamentalist glaubt«, schrieb Rushdie im englischen *Guardian*, »daß wir an nichts glauben. Um ihn zu widerlegen, müssen wir wissen, daß er irrt. Also kommt es darauf an, was für uns zählt.«

Rushdies Liste ist gewiß nur eine erste Annäherung: »Küssen in der Öffentlichkeit, Schinken-Sandwiches, öffentlicher Streit, scharfe Klamotten, Literatur, Großzügigkeit, Wasser, eine gerechtere Verteilung der Ressourcen der Welt, Kino, Musik, Gedankenfreiheit, Schönheit, Liebe.«

In Deutschland aber geht es immer noch, mehr als ein halbes Jahrhundert nach dem Zweiten Weltkrieg und zwölf Jahre nach dem Untergang der DDR, vor allem um die »Anleitung zum Unschuldigsein« – Titel eines aktuellen Bestsellers.

Auch jahrzehntelange intensive Vergangenheitsbewältigung und das Nachwachsen neuer Generationen haben offenbar nicht zu jener Mischung aus Souveränität und heiterer Gelassenheit geführt, in der kulturelle Identität sich ausdrücken könnte: Eine selbstverständliche Identifizierung mit der eigenen westeuropäischen Lebensweise, deren Freiheiten man ebenso schätzt, wie man ihre Mißstände kritisiert.

Ob »Globalisierung« als neueste Chiffre altmarxistischer Kapitalismuskritik, »Arroganz« als kultureller Wiedergänger des Neokolonialismus oder »soziale Kälte« als alltagskompatibles Thermometer der linken Entfremdungstheorie – der islamische Terror löste nicht nur alte Reflexe aus, sondern spiegelte Schuldbewußtsein und Desorientierung der westlichen Kultur insgesamt.

Von Eugen Drewermann bis Pfarrer Fliege – eine einzige Orgie des Verständnisses für jene fremde, andere Kultur des Islam, die man nicht mit der »gefährlichen Dynamik des ethischen Universalismus der Menschenrechte« bedrohen dürfe, wie ein Autor in der *Berliner Zeitung* formulierte.

Da war sie wieder, die gute alte Kritik an »Universalismus«, »Eurozentrismus« und »Kulturimperialismus«.

Alles floß, alles zerfloß in diesem selbstgerechten, pseudoselbstkritischen Diskurs, während Ulema Driss Kettani, ein hochangesehener islamischer Theologe in Marokko, schon ganz genau wußte, warum und wieso: »Eine Sache ist sicher: Was sich in Washington und New York am 11. September abgespielt hat, ist das Resultat der teuflischen Politik der Vereinigten Staaten und ihrer Alliierten.«

Was ein Merkmal kultureller Überlegenheit ist – die Fähigkeit einer Gesellschaft, sich selbst radikal in Frage zu stellen –, kann sich im Augenblick der Krise in ein Zeichen von Schwäche und Selbstverleugnung verwandeln. Manchmal ist ein Hautgout von Heuchelei dabei. Dann mutiert die Vollautomatik der einst linken Kulturkritik zur Arroganz der Demut: Man macht sich klein, um – moralisch – groß zu bleiben.

Das gilt vor allem dann, wenn Zweifel und Kritik selbst nicht differenziert, sondern in quasi-fundamentalistischer Attitüde formuliert werden – wenn die abendländische Tugend der Skepsis gegenüber dem Eigenen sich zum Appeasement gegenüber dem Feind jeder Skepsis und jeder Toleranz auswächst: Toleranz gegenüber der militanten Intoleranz.

Hier schneiden sich zwei Hauptlinien der intellektuellen Reaktion auf den 11. September: Diffuse Angst, teils Hysterie, und das tiefe Bedürfnis, an allem, was da noch kommen mochte, schuldlos zu sein.

Während die Angst dazu tendierte, Amerika projektiv als wahren Schuldigen zu entlarven, bemühte sich die Sehnsucht nach deutscher Unschuld, vom Kriege jedweder Art verschont zu bleiben: Feiges Denken.

Die eine Botschaft war an die Terroristen gerichtet: Seht her, wir sind selbstkritisch, wir gehen in uns, wir strengen uns an, die wahren Schuldigen zu finden. Wir sind keine Amerikaner – also verschont uns!

Die andere Botschaft ging an das eigene gute Gewissen: Sieh her, wir bleiben kritisch, wir sind mit den Armen und Unterdrückten, wir sind die Guten, wir bleiben uns selber treu.

Das gute Gewissen, bei den wahren Opfern der weltgeschichtlichen Ereignisse zu sein, findet seinen Ausdruck auch in dem Bewußtsein, im Grunde selbst zu diesen Opfern zu gehören. Die ominöse Linie der Bombenopfer à la »Dresden – Bagdad – Belgrad – Kabul« wird nicht nur von PDS-Rentnern gezogen.

Täter – das sind immer die anderen. Die müssen sich dann vor den hohen Standards der »deutschen Gewissens-Entscheider« (Richard Schröder) rechtfertigen.

Mit dem guten Gewissen korrespondiert seit je die Liebe zum Dagegensein. Das Dagegensein ist das wahre Zuhause der gemütlichen Unschuld, die sich auch dann noch als rebellische Minderheit fühlt, wenn sie mit Nena, Herbert Grönemeyer, Heike Makatsch, Campino, Katja Flint, Klaus Zwickel, Bischöfin Jepsen und Thomas D. von den »Fantastischen Vier« einer Meinung ist.

Bis heute hat sich auf diffuse, rätselhafte Weise jene Kultur der sechziger Jahre erhalten, bei der die intellektuelle Kritik ihre triumphale Überlegenheit bewies, indem sie die bürgerliche Gesellschaft theoretisch jederzeit in ihre kruden Einzelteile zerlegen konnte. Klarer Fall: Das Ganze war, frei nach Adorno, sowieso das »Unwahre«.

Nachdem die Revolution in den siebziger Jahren überraschend ausgeblieben war, verwandelten sich die Restenergien des linken Geschichtsoptimismus in einen inbrünstigen Pessimismus. Wer Realismus – in der Tradition der deutschen Romantik – vor allem als Kapitulation vor der Idee begreift, dem bleibt nur der Ausweg, Geschichte als Verhängnis zu begreifen: Apokalypseverliebtheit als enttäuschte Sehnsucht nach der Utopie.

Und tatsächlich, traumhaft sicher findet die deutsche Apokalypseverliebtheit immer wieder den nächsten Bombenhagel, ein neues Weltdesaster und kommende Katastrophen, in denen sich Opfer- und Täterprojektionen, Ohnmachts- und Allmachtsphantasien auf geheimnisvolle Weise mischen.

Die Reaktionen auf den 11. September 2001, die Henryk M. Broder hier auf ebenso brillante wie pointierte Art und Weise zusammengestellt und kommentiert hat, mögen auf manche Leser wie reine, ja bösartige Erfindungen wirken.

Wenn es denn so wäre, dann spiegelte sich darin eben jene Gespensterwelt, in der sich das deutsche Denken weithin abspielt.

Doch die Zitate stimmen. Sie sind echt und streng geprüft, authentisch bis zum letzten Komma.

Ein Pandämonium der unschuldigen Seelen.